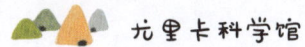

航空母舰可以潜水吗

林林总总的军事冷知识

尹传红 / 主编

施鹤群 / 著

李　田 / 插图

上海科技教育出版社

树懒到底有多懒？真的有让自己好斗的激素吗？开车最经济的速度是多少？假目标是怎样迷惑来袭导弹的？

这样一些有趣的话题，在"尤里卡科学馆"丛书的4个分册里，随处可觅。

这是一套面向中小学生的图文科普丛书。它以通俗易懂、生动谐趣的笔触，介绍了涉及动植物、天文地理、人体和军事等诸多方面的科学知识，突显了探索科学奥秘之乐趣所在，也展现了科学与人文、艺术相结合的魅力。

我相信，青少年朋友读后一定会增进对自然界和我们自身的了解与认识，增强对科学的亲近感。同时，它也必然有助于锤炼孩子们的逻辑思维能力和想象力，激发创新思维的火花。

阅读优秀的科普作品，对青年学子的精神发育和健康成长，影响甚深，至关重要。据我所知，许多著名的科学家，小时候就是因为接触到优秀的科普读物而对科学产生兴趣，渐渐地走进了科学的世界。

"创新兴则国家兴，创新强则国家强"。如今，国家已经把科学普及和科技创新提升到了同等重要的位置，并且致力于建设创新型国家，强调不断创新，要站在世界科技发展的前列。如果说，科技创新和科学普及是创新发展的一体两翼，那么，这推动创新发展的两翼应该比翼齐飞才好。也正是从这个意义上讲，我认为做好科学普及和科学教育，就是为未来的科技创新奠基，提供的是一种基础性的支撑。科学普及和科学教育，就应该有这样的高度与担当。

上海科技教育出版社多年来一直致力于谋划出版面向中小学生的原创科普精品，期望青少年读者经由阅读而理解科学、欣赏科学、参与科学，领悟科学方法、科学精神和科学思想的精髓，并能以理性思维进行观察和思考，进而实现课程内容之外的知识拓展、探究和创新思维的延伸，进一步提高素质与能力。"尤里卡科学馆"丛书，正是在这样的背景下应运而生的。

好书便是好伴侣。最是书香能致远。

我热切地期盼，"尤里卡科学馆"丛书能够成为青少年朋友悦读探索的好伴侣。

愿你们在阅读中思考，在思考中进步，在进步中成长！

尹传红

2019 年 7 月

目录

光阴里的故事

003 "百步穿杨"的秘密

006 枪中"变形金刚"

009 具有特异功能的枪弹

012 为什么大炮"活"不长

015 炮弹为什么打不中同一个地方

018 迫击炮——打击山后隐蔽目标的绝佳武器

021 能用电力发射炮弹吗

024 大象战车——古代的坦克

027 "有生命的坦克"——盔甲

030 坦克名字的由来

033 能打直升机的地雷

036 水战中的车轮战船

海洋中的战火

041 "魔鬼武器"的海上决斗

044 "永不沉没的战舰"沉没了

048 飞机第一次是怎样从军舰上起飞的

051 飞机第一次是怎样在军舰上降落的

054 "辽宁舰"的前世今生

057 航空母舰可以潜水吗

060 隐形的战舰

063 "蚊子"吃掉了大舰

066 "飞鱼"吞巨舰

069 现代潜艇是怎样诞生的

072 核潜艇参加过实战吗

075 主动追杀舰船的水雷

蓝天上的翱翔

081 空中"肉搏战"

084 飞机可以拦截导弹吗

087 战斗机——空战舞台的"霸主"

090 "黑蝙蝠"是如何隐身的

093 空中谍王——"黑鸟"

097 "挖眼刀"与"外科手术"

101 隐形神探无人机

105 出"洋相"的"夜鹰"

108 另一只眼看军鸽

111 长"眼睛"的炸弹

115 气球炸弹的威力

118　电磁脉冲可以作为武器吗
121　天空中的雷场
124　谁是让隐形飞机原形毕露的利器
127　杀人不见血的"魔音"
130　假目标是怎样迷惑来袭导弹的
134　插上了翅膀的核弹

异闻中的奥秘

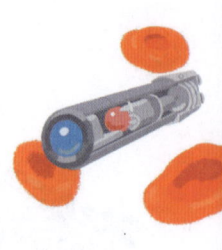

139　中子弹"干净"吗
141　"虎口拔牙"特种兵
144　神秘的纳米武器

147　新一代核武器登上战争舞台
150　导弹是怎样打中卫星的
153　粒子束武器——被寄予厚望的战场新杀手
156　激光武器为何能致盲
159　走上战场的机器人
162　电脑病毒武器是怎样发威的

165　太空雷是什么武器

167　揭开"智能卵石"的面纱
170　警用手榴弹有哪些
173　炮筒里的螺纹是怎么回事
176　地雷布设有妙招
179　氢弹是怎么爆炸的
182　前景难料的无壳弹枪

光阴里的故事

"百步穿杨"的秘密

"百步穿杨"这个成语大家都很熟悉吧？它常用来形容箭法或枪法非常高明。它来源于一则故事，故事说的是春秋时期楚国一个名叫养由基的人善于射箭，能在一百步以外射中杨柳细细的叶子，箭术达到出神入化的地步。

"百步穿杨"这个故事提到的弓箭，是古代的一种远射兵器，它由富有弹性的弓臂和柔韧的弓弦构成。在弓箭手拉弦张弓的过程中，弓弦积聚了巨大的力量。这些力量在瞬间被释放时，便可将扣在弓弦上的箭或弹丸射向远处的目标，用来杀伤远处的敌人。

弓箭作为一种远射兵器，早在春秋战国时期就有了相当普遍的应用，被列为兵器之首。汉代时，人们就制作弓箭用于实战。弓箭有许多的类型，用以适应步战、水战、骑战等不同使用场景。其中的代表有虎贲弓、雕弓、角端弓、路弓、强弓等。

汉代著名的"飞将军"李广，曾以其百步穿杨的射箭绝技击毙敌人，威震边关。据说，李广使用的箭名叫"大黄箭"。传说有一次，李广在巡视山麓之时，看见远处草丛里卧着一只老虎，于是他张弓搭箭射中了那老虎。等到走近一看，李广才发现那老虎原来是一块形似猛虎的大石头。令人感到惊讶的是，"大黄箭"竟然有数寸都陷没在了石头中，只在石头外面露出箭羽。这件事流传开去之后，李广名声大噪。大家都说李广有神力，所以他射出的箭能穿透石头。

弓是用来发射箭的，它的种类繁多。唐代的弓分为长弓、角弓、稍弓和格弓四种。长弓用于步战，角弓用于骑战，而稍弓和格弓则是狩猎用弓和皇朝禁卫军用弓。唐宋以后直到明清，弓的形制日趋单一化，大致可分为常用弓和练习弓这两类。对于射击者而言，前者有助于提升射击的准确度，而后者更有利于锻炼人的臂力。明朝时期，人们特别重视弓的选材与制作。那时，一把弓所用的材料，往往来自五湖四海。

弓发射的箭，通常长约90厘米，箭头是铁质的，箭杆粗直，可由多种材料制造而成。用山杨木、白杨木、接骨木、白桦木、柳木等

较轻材质制作的箭叫飞箭，它的射程较远；用白蜡木、角木等较重材质制作的箭叫重箭，重箭射程较近，但穿透力却很强。箭尾粘有羽毛，起到保持飞行稳定的作用。

在中国和外国古代历史上，人们都十分重视弓箭的制作和使用。在冷兵器时代的战争中，"两军相遇，弓弩在先"是人们的共识。无论是攻守城镇，还是进行伏击战、阵地战，军队都能够以弓箭为利器，"先下手为强"。13世纪时，英国也曾大力发展弓箭部队。总之，弓箭曾经是战场上最有效、用途最广的单兵武器。

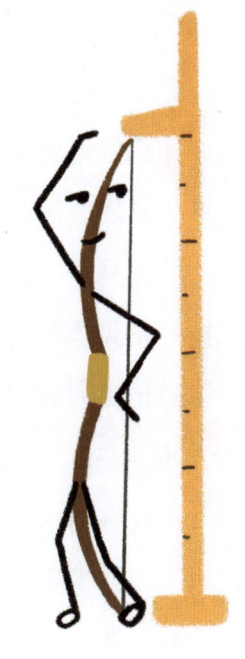

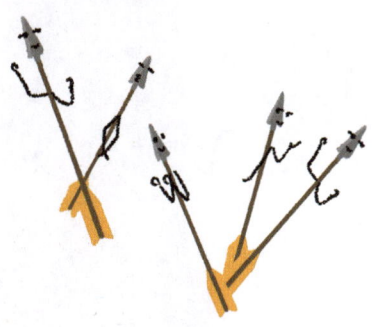

枪中"变形金刚"

你知道历史最长、应用最广、数量最多的武器是什么吗?或许你已经猜到了,答案便是枪械。枪械是对口径在20毫米以下、能发射子弹的管形火器的统称。

枪械是个成员繁多的大家族。除了手枪、步枪、冲锋枪、机枪等常见类型之外,枪械大家族中还有许多特种用途枪。不同的枪械有着各具特色的战斗性能和不同的战斗用途。试想一下,在形势千变万化的战场之上,战斗需求随时变化,而士兵却不方便携带那么多性能各异的枪械。那么枪械能不能像变形金刚一样变形,从而改变自身的性能和战斗用途,来适应千变万化的战斗需求呢?

美国枪械专家斯通纳一直在

苦苦思索这个问题。

一次，斯通纳在送孩子到幼儿园的时候，看到其他的孩子正在兴致勃勃地玩积木。他们将一块块积木搭成形状各异的物体。斯通纳灵光一闪，想到了一个改进枪械的好主意：以一种枪的基本部件为基础，像搭积木一样，通过更换不同的枪管、枪托、瞄准具等零部件，组装出不同种类的枪械。这样一来，一枪多用、多枪合用就成了现实，一种新的现代枪械——枪族诞生了！

从本质上来说，枪族就是把枪的基本部件变成一块块"积木"。狙击手可以根据战场需要，把一块块"积木"，拼搭成为不同用途、不同特点的枪械，如步枪、冲锋枪、轻机枪、重机枪。使用同一套零部件组成的各种枪械组成一族，即一种枪族。在同一种枪族中，枪的基本部件可以互换，就连枪弹也是通用的。斯通纳于1963年发明的这种积木式枪械被人们称为"斯通纳"枪族，也就是美国的M16枪族。

　　枪族有许多优点。拿"斯通纳"枪族来说，它是以 5.56 毫米小口径步枪为基础的。持枪士兵只要更换它的部分零部件，就可以方便地将其组装成不同特点和不同用途的枪械。其中的 M16 自动步枪质量轻、火力猛，装上榴弹发射器可以发射枪榴弹；而 M16A2 冲锋枪射程远，能在 130 米距离处射穿钢盔；M16K 突击卡宾枪质量轻，适合特种部队使用。总而言之，枪族大大提高了步兵在现代战场上的作战能力。

　　此外，在一个枪族中，各种枪械的主要零部件是一样的，这有助于降低生产成本，方便后续的枪械保养维修和军队的后勤供应。对于士兵来说，这也便于他迅速掌握枪械的使用方法，从而简化训练过程，缩短训练时间，尽早投入实践中。

具有特异功能的枪弹

枪被发明之后，自然就要有枪弹才能开火。现代的枪弹由弹头、弹壳、发射药和底火四部分组成。其中，弹头是由弹芯和披甲构成的，弹头外层是披甲，披甲里面是弹芯。人们用铅或钢制成弹芯，用黄铜或软钢做成披甲，又在最外面镀一层镍。弹壳上部的弹壳口和弹头相连；中间是铜合金或低碳钢制的弹壳体，用来装填发射药；在弹壳底部装有底火。

那么，除了这些常规的枪弹外，是否还存在着令人大开眼界的、拥有特异功能的枪弹呢？

当然存在！随着现代军事技术的发展以及战争环境的改变，现代枪弹也发生了许多变化。各种各样的新式枪弹层出不穷，它们构造各异，并具有独特的功能和特殊的战斗用途。其中，较为典型的有多头枪弹、箭形枪弹、窃听弹和智能枪弹等。

多头枪弹又叫齐射弹。它的弹头部分由两个或多个小弹头组成。每个小弹头呈圆锥形，首尾相连，依次镶嵌在一个较长的普通金属弹壳里面。多头枪弹发射后，多个小弹头的着弹点呈环状分布。也就是说，多头枪弹在一次射击中增加了目标物周围的子弹数目，从而提高了命中率。发射一发多头枪弹，相当于发射多发枪弹，显然大大增强了杀伤力。

箭形枪弹的弹头像一支小箭，又细又长，弹尾带有小小的尾翼。尾翼通常是飞行器维持自身平衡的重要部件，它大大提高了枪弹的飞行稳定性，因而箭形枪弹的命中率比普通枪弹高。箭形枪弹的箭头具有穿甲能力，命中目标后能钻进目标，曾创下在130米远处开枪，击穿6.3毫米厚钢板的纪录。因此，箭形枪弹可用来对付坦克等装甲目标。箭形枪弹分为单箭形弹和集束箭形弹两种。单箭形弹为单发枪弹，集束箭形弹可装多发枪弹。有一种集束箭形弹可装32支小箭弹，用大口径滑膛枪发射。多"箭"齐发，大大提高了命中率。

窃听弹是一种可用于窃听情报的枪弹。别看它的外表与普通枪弹相似，弹头内却别有洞天，藏着传声器。这种枪弹通常被发射到敌人指挥部、工事上,弹头被固定在那里之后,弹头内的传声器便开始工作,日夜窃听周围信息,并把窃听到的情报传送回来。战地侦察员常利用这种窃听弹来侦察前进路上的敌人活动情况。

智能枪弹是一种装有传感器的枪弹。出膛的智能枪弹的弹头初速高、射距远,能探测到目标的方位和距离,甚至还能自动跟踪目标。美国研制的一种智能枪弹装有微型传感器,可识别目标并跟踪射击,甚至能命中几千米远处的目标。智能枪弹命中率高、战斗威力大,因此,它在陆战和空战中都得到了广泛应用。

为什么大炮"活"不长

当一门大炮制造好出厂的时候,人们常说一门新炮"诞生"了;当它再也不能使用的时候,人们就说它"报废"了。要是有人认为钢铁制成的大炮寿命肯定比人长,那就大错特错了。

一种机械的寿命长短,应该按它的实际工作时间来计算。坐落于中国人民解放军炮兵指挥学院内的炮兵博物馆保存有1351年制造的铁炮。它早就不能发射炮弹,因此没人会认为它现在还"活"着。事实上,大炮的寿命不是用年、月、日、时来衡量的,而是以分和秒来计算的。

一门口径76毫米的大炮,每发射一发炮弹仅需0.006秒。按照设计,它最多能发射10 000发炮弹。简单计算一下,我们

很容易就能知道，这种大炮的寿命不过一分钟！你或许会想：威力越大的大炮寿命越长吧？不是的。大炮威力越大，它的寿命反而越短。远程大炮的炮弹一颗就有一吨重，射程达几十千米，可是这种炮只能发射50—100发的炮弹，然后便寿终正寝。算一算，它的寿命只有2—3秒！

　　人们费尽心思建造的大炮为什么这样"短命"呢？其实大炮"活"不长有许多原因。

　　首先，大炮发射的时候，火药燃烧产生的高温高压气体，不仅作用在炮弹上，也作用在整个炮筒上，它烧蚀炮筒，给炮筒留下了致命的创伤。火药燃烧的温度达2500—3000℃，远远高于我们日常生活中所接触的开水的温度，也高于钢铁熔化的温度。这么高的温度，为什么没有熔化大炮的炮筒？

　　这主要是因为炮弹发射的时间极其短促，只有千分之几秒。而且，火药燃烧的时候，炮筒内气压高达几千个大气压。一旦炮筒承受不住，就会发生炸裂事故。自古以来，如何加固炮身、防止炸裂，一直都是造炮匠师们经常思考的问题。

　　其次，大炮发射也会影响膛线的形状。膛线是炮管及枪管内呈螺旋状凹凸的线，是枪炮的重要组成部分。炮筒里的膛线使炮弹出膛后高速旋转，反过来，炮弹也会使膛线走形，影响大炮的寿命。

这和刀用久了会变钝是一样的道理。

最后，当一颗炮弹出膛后，炮筒里留下的火药气体和其他残渣也会影响大炮的寿命。因为残渣中含有氯化钾，它与空气中的水分结合后，形成导电的电解液，然后与钢管中的铁以及表面镀的铬组成"小电池"，使炮管受到腐蚀。在许许多多"小电池"的作用下，光滑的炮筒表面越来越粗糙，进而缩短大炮的寿命。

然而，一门大炮只工作一分钟，甚至两三秒钟就报废的话，实在太可惜了。在生活中，若是衬衣的衣领有些磨损，我们不必扔掉整件衣服；当我们把破衣领拆下来，换上个新衣领之后，这件衬衣又可以穿了。类似地，炮筒有所损坏的大炮要重新利用，我们也可以像换衬衣衣领那样，换掉炮筒内层金属，而不必更换整个炮筒。如今，很多大炮炮筒都是"分层"的，我们可以随时取出炮筒里面一层较薄的炮管，将它更换成新的。大炮"换衣领"之后，照样能正常使用。大炮的寿命也因此而延长了。

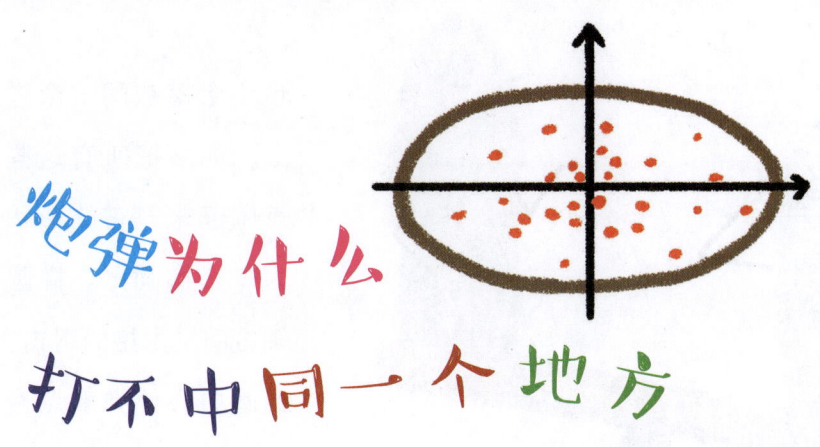

炮弹为什么打不中同一个地方

大家一定在电影中见过这样的场景：敌人的大炮向我方阵地狂轰乱炸着，小通信员却不顾危险，冒着炮火奔跑前进。突然，一颗炮弹在他前方不远处爆炸，只见小战士就地卧倒，迅速避开危险。随着一声尖厉的呼啸，又一颗炮弹飞来了。这次，小通信员没有趴下，而是敏捷地跳进了上一颗炮弹刚刚炸成的弹坑中。

小通信员怎么能跳入弹坑中呢？那紧接着飞过来的第二颗炮弹不是很可能还要在这儿爆炸的吗？

其实不会的。别看通信员年纪小，他已经是一名老兵了，早就熟悉了炮弹落地点——弹着点的分布规律：一门大炮，即便瞄准同一个点不变，在外界条件完全相同的情况下，也不可能把两发炮弹发射到同一个弹坑里去。

即使一门大炮发射的炮弹达到数百发以上，所有的炮弹

也不会落在同一个弹着点上。如果把所有这些弹着点围起来,它的形状呈现为一个椭圆形。椭圆的长轴方向是大炮的射击方向;椭圆中心处弹着点最密集的地方,叫平均弹着点,又叫散布中心。

为什么弹着点不是同一个点呢?原因是炮手发射炮弹的技术不够高超,还是大炮本身有问题?

都不是。任何一个动作熟练、技术精湛的炮手,用任何一门装备完善、校验标准的炮,发射炮弹的弹着点的散布面都会不可避免地呈椭圆形。炮手唯一能做的,是把弹着点散布的范围缩小一些,也就是让炮弹的弹着点更加密集一些。

造成弹着点散布的原因有很多,主要有下列这些影响因素:炮筒的射向受每次射击的震动影响,会产生一定的差异;每发炮弹的装药量及炮弹本身的重量不可能精确相等;而且,不仅炮筒会被火药气体一次又一次地腐蚀,各种瞄准、击发机件也

会在一次又一次的使用中受到磨损;再加上气象条件如温度、湿度、气压等的差异……

哪怕是极其细微的变化,都会对弹着点产生不小的影响。例如,即使炮筒的角度只产生很微小的偏斜,发射的炮弹也可能会偏离目标几十米!两颗炮弹的质量只要相差几克,它们就不会落在同一点上。为了准确轰击一个目标,炮兵们平时都精心地维护保养大炮和炮弹,在发射炮弹时正确地装填弹药,准确地瞄准目标,并根据实际气象条件修正发射角度,尽可能缩小弹着点散布面积,提高轰炸准确率。

迫击炮 —— 打击山后隐蔽目标的绝佳武器

战争片中经常有这样的场景：山坳里，敌我双方激战正酣，突然，隐蔽在山脚下的一个敌方火力点响起密集的机枪扫射声，猛烈的火力把我方冲锋部队封锁住了。我方的加农炮弹呼啸着向敌方火力点飞去，但由于弹道平直，就是无法命中目标。这时候，一队训练有素的战士跑过来，他们卸下圆筒形炮筒，竖起脚架。紧接着，一连串的炮弹在空中划出优美的弧线，在敌方火力点上炸开了花。此时立下大功的火炮，就是迫击炮。

迫击炮是一种以曲射为主的火炮，它

的炮身是钢制的直炮筒，筒内光滑，没有膛线。迫击炮发射时，炮膛的尾端顶在座钣上；脚架支在地上。炮手只需调整脚架的高低就可以控制炮弹发射的高度和距离。迫击炮结构轻巧：口径小至七八十毫米，大至一百五六十毫米；射程从几十米到三四千米不等；质量从几千克到一两百千克的都有。小的迫击炮仅需要一人就能背动。

　　迫击炮种类很多：按炮膛结构不同可以分为滑膛式、线膛式；按装填方式不同可以分为前装式、后装式；按运动方式不同可以分为便携式、驮载式、牵引式、自行式；按口径大小不同可以分为轻型、中型、重型……前装式迫击炮发射时，炮手将炮弹弹尾朝下装入炮口，使炮弹沿炮膛下滑。当炮尾的底火和炮膛底部的击针相撞后，炮弹点火发射。迫击炮主要有如下特点：第一，它的射角大，弹道非常弯曲，初速很小，射程近；第二，它结构简单，操作方便；第三，它体积小，重量轻，便于携带。

迫击炮威力很大，尤其适合消灭凹地、山腰、岬角后的隐蔽目标。首先打响著名的平型关伏击战的，就是八路军的迫击炮。1937年9月，侵华日军分三路南下，企图夺取平型关。八路军第115师摸清日军意图后，决定在平型关东侧设伏。八路军3个团的兵力藏身于一条又深又长的沟谷中，两边是高达数丈的陡崖。根据这个地形特点，八路军在平型关伏击战中使用了口径为82毫米的中型迫击炮。在这场战役中，这种迫击炮大显神威。八路军冒雨设伏一夜，第二天清晨成功伏击日军主力及其辎重车辆，歼灭日军千余人，缴获大量武器弹药和军用物资。八路军在平型关打了个大胜仗，大大鼓舞了全国军民的抗战热情，增强了他们抗战必胜的信念。

能用电力发射炮弹吗

以火药作炮弹的传统火炮经过一代又一代的改良之后，威力差不多接近了物理极限。随着电力的广泛应用，人们不禁幻想：能否用电力发射弹丸，以突破火药的限制？在电影《变形金刚2》中，美军从战舰上发射了一种超高速炮弹，毁灭性地打击了金字塔顶的"大力神"。这件神秘武器，就是使用电力发射炮弹的电磁炮。

其实早在20世纪初，就已经有人制造出了一种电炮模型。它的原理是这样的：当电流通过绕在电炮身上的线圈

时，通电线圈产生强大的磁使钢铁炮弹能够飞速地运动起来。在奥斯陆的挪威技术博物馆里，至今还陈列着一个电磁线圈炮模型，它是由第一位提出电磁炮概念的奥斯陆大学物理学教授伯克兰制作的。伯克兰制造的第一个电磁线圈炮模型曾在 1901 年将一颗 500 克的弹丸加速到 500 米 / 秒，比声音的速度还快。而博物馆里陈列的是伯克兰在 1903 年制成的第二个电磁线圈炮模型。它更大，能把 10 千克的物体加速到 100 米 / 秒。

可若是要建造一门真正的电炮，问题就大了。在当时的条件下，这门电炮需要一座电功率巨大的发电站供电才能运转，否则就需要大大增加炮身的长度。可是这两点都难以实现。幸运的是，随着科学技术的发展，电磁发射技术问题得到了解决。从 20 世纪 70 年代开始，一些西方国家和其他地区的军事大国纷纷研究和开发电磁炮，预计不久，电磁轨道炮将出现在现代战场上。

电磁轨道炮由导轨、电

枢及电源组成。在科幻电影《蒸发密令》中，阿诺德·施瓦辛格手里的两把枪就是电磁轨道步枪，它们与电磁轨道炮有着类似的原理。电磁轨道炮的导轨是一对平行的金属轨道，用于传导电流。电枢位于平行金属轨道之间，前端用来装弹丸。电枢由导电金属或等离子材料制成，与电源、导轨一起构成电流回路。但是在发射过程中，电枢不是固定在轨道上的。它受到电磁力的作用而加速，能带着弹丸一起在导轨间运动，直至弹丸被发射出去。

电磁轨道炮的最大特点便是发射的炮弹初速高、射程远，可以远距离攻击目标。美国海军所试验的电磁轨道炮能精确攻击目标，误差范围不超过 5 米。这样一来，目标周围的己方士兵不容易被误伤。另外，它在飞行过程中也不会发出传统炮弹那样的噪声，能出其不意地袭击敌军。

正是因为电磁轨道炮具有上述优点，所以它才成为世界各国争相研发的新式武器。它有着广泛的应用前景，正在一步步从科幻迈入现实。

大象战车——古代的坦克

那是发生在 2000 多年前的事了。那时候天下战乱，国与国之间攻战频繁。波斯王国就饱受困扰：由于经常遭到敌国步兵的袭击，军队伤亡巨大。

有一次，古波斯军队如往常一样驱使着大象拖运木头。只见眼前的大象一个个身材魁梧，皮肉厚实，力大无穷，长鼻一甩甚至能把树连根拔起，古波斯人蓦然冒出一个想法：能否让大象也加入军队，帮助士兵们打仗呢？

古波斯人说干就干，他们集中了几百只大象，开始试验性训练。几个月后，那些大象果然被训练得十分听话。古波斯人在大象背上安了一个木制的小屋，大小能容纳6名士兵。就这样，大象战车诞生了，它们成为了古波斯军队在战场上的秘密武器。

那么这种新奇的大象战车第一次上战场，会是一番怎样的景象呢？

这一天，一场战斗打响了，敌国十几支步兵部队向波斯王国大肆进攻。集结完毕的波斯军队却按兵不动，他们在原地默默地等待时机。

当双方距离足够近时，忽然间，战场上吼声四起，随着一声令下，大象战车出动了。大象们甩着长鼻向敌军猛冲过去。敌人从未见到过大象战车，只见发怒的大象迈开粗壮的大腿朝自己身上踏来，顿时阵脚大乱。

这时，坐在象背上小屋里的古波斯军士兵举起手中的弓箭。霎时间，雨点般的羽箭射向敌阵，敌军惊慌失措，四散逃命。他们之中有的被乱箭射死，有的被大象踩死，阵地上留下了上千具尸体。

与此形成鲜明对比的是,大象战车无一损伤。作为古波斯军队的秘密武器,大象战车一夜之间闻名遐迩。

从某种意义上来说,大象战车可以看作现代坦克的前身。它的适用场景和坦克一样广泛,不论洼地山坡,可以到处通行;它的破坏力和坦克一样惊人,能越过壕沟,撞塌房屋,毁坏大树,压死敌人;尤其是它那背上的小木屋,其功能和坦克顶上的炮塔如出一辙。所以,人们把大象战车看成坦克的前身是有道理的。

"有生命的坦克"——盔甲

你知道为什么坦克部队被称为装甲部队吗?因为坦克车体上覆盖的装甲坚硬无比,起着保护车内人员及武器的作用。在中世纪的欧洲战场上,骑兵们手持刀剑,身披盔甲,骁勇善战,屡屡创造胜绩。而保护他们身体免受刀剑之伤的盔甲,如今被人们誉为"有生命的坦克"。

装甲的产生与骑兵的发展密不可分。起初,骑兵身穿用皮革或者厚布制成的战服出征,但这样的战服一碰到利刀尖矛就毫无防范之力。于是,骑兵们想出一个办法来提升战服的防护能力。他们在厚布上铆上一片又一片像鱼鳞那样的铁皮。这样既保护了身体,也不会影响骑兵的活动。从肩至膝的一身盔甲由200多片铁片组成,足足有15千克重!为了确保万无一失,骑士们的头上再戴一顶圆锥形的头盔。穿着这样的战服上战场,骑兵们无惧刀剑,因为刀刃很难斩穿铁皮。

然而,骑兵们费尽心思改良的战服也存在弊端。矛和盾

总是在不断的对抗与竞争之中发展着，战服和武器也是如此。随着技术的进步和工艺的改进，长矛与刀剑变得越来越锋利，与此同时，盔甲也处于不断的改进之中。12世纪末，骑士们的头盔从圆锥形演变成圆柱形，佩戴时能够将整个头部都死死套住。于是战场上常常出现这样的一幕：双方打斗正酣时，一刀劈来，头盔火花直溅，可骑士的脑袋却安然无恙。金属头盔上留有几个小孔，让骑士能够顺畅地呼吸，就像坦克的观察孔。13世纪，紧身甲被鳞片甲取代。到了14世纪的时候，坚硬的钢甲诞生了。这种盔甲亮光闪闪，把骑士的躯干、四肢、头部统统遮掩起来，可谓刀枪不入。当骑士们身穿"有生命的坦克"——盔甲出现在战场上，这样的景象真可谓是"三军甲马不知数，但见银山动地来"！

然而，和坦克一样，盔甲也有笨重、不灵活等缺点。中世纪时，身穿盔甲的武士们很辛苦。他们每次穿盔甲的时候，必须有人帮忙；每次登战马的时候，也必须有人相扶。一旦跌倒，即使没有任何皮肉之伤，身穿盔甲的战士也很难自己站起来。而且，盔甲实在是太重了——一副盔甲能有 40 千克重！想象一下，肩负 40 千克重物的骑士该怎样打仗？其辛苦程度可想而知。

当枪弹出现之后，盔甲退出了历史舞台。高速飞行的子弹能轻而易举地穿透盔甲，把骑士们打倒在地。若是为了增加防御能力而增加盔甲的厚度，那么盔甲的重量也会随之增大。不仅骑士们担负不起这样的重量，就连战马也承受不了！正是由于这一原因，"有生命的坦克"悄无声息地退出了历史舞台。

坦克名字的由来

在许多战争片中,坦克横行战场,所向披靡,十分霸气。坦克的英文名是tank,直译过来是"水柜"的意思。用于陆地作战的武器为什么叫"水柜"呢?

事情得从1914年8月说起。那时,第一次世界大战刚刚拉开帷幕,交战双方的数百万军队展开殊死的搏杀。战线还在不断扩大,伤亡人数还在不断增加。一天,在英国首都伦敦的军事部长办公室里,国防委员会秘书汉凯正在接待从法国回来的老朋友斯文顿上校,他们从大象炮车谈到基尔战车,还谈到"无限轨道"。

斯文顿上校饶有兴趣地描述:"无限轨道"是一条长长的环带,环带的每一环都是一块坚固的金属片,各片之间用铰链连接起来。只需将金属环带往普通车轮上一套,这轨道就可以周而复始地转动,保护车轮。斯文顿上校还提及,如果再给车子装上钢板做的墙壁,就可以使其避免遭受敌方炮火的攻击；若是再给它配上一两门大炮或机关枪，那么它就能冲锋陷阵，所向无敌！

斯文顿描述的新式武器实际上就是坦克的雏形。汉凯答应把斯文顿的设想转告给上级，但军事部长听了这一设想后不以为然，他甚至不无嘲讽地建议斯文顿把他的发明写成一篇幻想小说。无独有偶，在这件事之后不到一个月，一位名叫特洛克的上尉也来找汉凯秘书，他声称战场需要他的发明——一种名为"陆地巡洋舰"的陆战武器。这种武器既能够突破铁丝网和战壕的阻碍，又能同敌军的大炮和机枪对战。特洛克上尉指出，他发明的"陆地巡洋舰"具备三大特性：武器的强大性、钢甲的坚固性和高度的灵活性。

特洛克上尉所说的"陆地巡洋舰"实际上也是指坦克。汉凯秘书把他的发明也呈报给军事部长。部长又皱皱眉说："这些上校、上尉都成幻想家了！"

不久，一位德高望重的将军贝康先生来找汉凯秘书陈述他的发明。他要在拖曳车前面装一架简易的铁桥，当碰上战壕时，拖曳车就能架桥而过。贝康设想的东西其实也是坦克。面对德高望重的将军，军事部长情面难却。虽然不是十分赞同，军事部长仍拨给将军一小笔的经费，让他尝试开展研究。

一个偶然的机会，丘吉尔——当时还只是英国海军大臣、国防委员会委员——看到了三人的发明设想，他慧眼独识，认为它们极具前景，决定亲自主导坦克的研制。

1915年2月，海军部正式开始试制坦克。经过几个月的奋战，一辆被工人们命名为"小游民"的"陆地巡洋舰"终于诞生了。它重18.3吨，发动机功率约为78千瓦，时速3.2千米。在进攻方面，"小游民"装有一门火炮和数挺机枪，这门火炮的口径为40毫米，能发射约1千克重的炮弹；在防守方面，厚达6厘米的钢铁装甲可以有效地保护内部的两位成员。实际上，"小游民"是一个把锅炉钢板钉在角铁架上做成的长方形箱子，另外加装了一对加长的拖拉机履带。为使车辆保持平衡，车辆后部的转向轴上还装有一对直径为1.37米的导轮。

在"小游民"建造期间，为了不让德国人知道这种新式武器的存在，斯文顿特意叫人在制造厂的周围一带散布谣言，声称该厂正为俄国人制造一些贮藏器。当"小游民"建成后，斯文顿看到用油布遮盖的"陆地巡洋舰"很像一只大柜子，加上它又是在海军部诞生的，于是就给它取名为"tank"，也即"水柜"的意思。这一叫，"tank"及其音译词"坦克"一直延续到今天。

现在，人们一提起"tank"，首先想到的都是坦克，而绝不会是它的原意"水柜"了。

能打直升机的地雷

你还记得玩扫雷游戏时战战兢兢的感觉吗？在这款风靡全球的益智游戏中，你可以通过周边地雷数量信息来推测地雷的位置。然而在现实中，扫雷任务的执行困难重重。取材于真实历史的军事影片时常涉及这一主题。无论是在《地雷区》中风景如画的北欧沙滩，还是在《卡贾基》里阿富汗山谷中的不毛之地，蛰伏的地雷总是与残酷血腥的战争相伴而生。

在我们的印象里，地雷是埋在地里的一种防御性、被动性的杀伤武器，而直升飞机是在天上飞的一种运输工具。两者明明井水不犯河水，地雷又怎么能飞上天打中直升飞机呢？

其实，能打直升飞机的地雷是智能地雷的一种。它应用了人工智能技术，是一种埋设于地下或布设于地面，能够主动探测并跟踪目标、通过目标作用起爆的爆炸性武器。智能反直升机地雷专门用于对付低空飞行的武装直升机。反直升机地雷之所以能够获得"智能",就是因为它们将探测技术、传感器技术、微处理器技术等高新技术结合在一起。相较于传统地雷,智能地雷不仅多了敏锐的"眼睛"和"耳朵",还多了高速运转的"大脑",所以展现出前所未有的活力。

目前,多个国家在反直升机地雷的研制方面取得了成果。例如,美国研制的一种反直升机地雷由传感器与战斗部、指挥与控制系统两大部分组成。它采用了高技术传感器,具有全天候工作能力,能够不分昼夜地探测并识别敌方目标。它可以通过声音和红外复合

传感器以及信号处理器，探寻直升机螺旋桨叶片的独特声响，感知直升机的模样，分辨出直升机的类型，其识别准确率高达90%，防御范围为半径400米以内、高度200米以下的空域，战斗部的有效距离在100米以上。

俄罗斯也研制出了反直升机地雷并装备了军队。这种智能化反直升机地雷既可以人工布设，也可以利用火箭炮、陆军战术导弹或专门的布雷系统布设。布设完毕后，这种地雷开启"守株待兔"模式。一旦目标送上门来，它就进入战备模式。当目标进入可摧毁范围时，它就自动引爆对付目标。更神奇的是，这种地雷能避免偶然的干扰。例如，当友方部队通过时，它可通过编程传感器关闭雷场，防止造成误伤。

水战中的车轮战船

车船,又称车轮船,顾名思义,它就像车辆那样,有着能够推动自身在水中前行的轮子。这种船的轮子是在桨的基础上加以改进和设计而发展起来的。它的独特之处在于,转轮上带有叶片,转轴伸入船舱并装有脚踏板。我们可以像骑自行车一样驱动这种车船的轮子。与桨用手力不同,车船使

用脚力，是中国古代一项重大的船舶技术发明。

虽然早在魏晋南北朝时期就已经有车船的萌芽，但对车船的发展起了承前启后作用的是唐代的曹王李皋。李皋制造的车船靠人力踏动快速前进。到了宋代，车船得到较大规模的应用和推广，出现了多种规格的车轮战船用于水战。

1130年，宋朝杨么起义军在洞庭湖地区建立了根据地来抗击官军围剿。宋军为对付杨么起义军，派都料匠高宣建造巨型作战车船，即车轮战船。这种战船舷侧装有车轮，车轮上装有多个叶片，靠人力踩踏使车轮运转，车轮上的叶片泼水，推进船舶。车轮战船的四周装有打击敌船的拍竿。高宣总共制造了十几种车轮战船，其中的大型车轮战船长20—30丈(约合60—90米)，有23—24个车轮桨，船两边用护车板遮盖住车轮桨，用来麻痹敌军使其放松警惕。这种车轮战船能载

两三百名士兵。

然而在一次战斗中，车轮战船和高宣本人被杨么起义军俘获。于是杨么也模仿南宋水师的车轮战船，制造出了22轮、24轮大型车轮战船。据说，当时最大的车轮战船甚至有80个车轮桨。

宋朝自然不会坐以待毙。宋朝为镇压杨么起义军，也继续大造车船，最终平定了起义。在这以后，宋朝没有停下发展车轮战船的步伐，在许多水战中都大量应用了车轮战船来阻击敌军。在1161年南宋抗金的重要战役采石之战中，曾经席卷淮南的金军饮马大江，准备南渡，却遭"迅驶如飞"的宋军车轮战船堵截，最后以失败告终。在这场永载史册的战役中，许多宋朝百姓也在这种新型战船上贡献了自己的力量。战后，官府统计征发的民间踏车夫人数，竟多达6300人！

内忧外患的南宋在对元作战中也曾经使用过车轮战船，只是没有取得像采石之战那般大获全胜的战绩，最终未能挽回失败的命运。

海洋中的战火

"魔鬼武器"的海上决斗

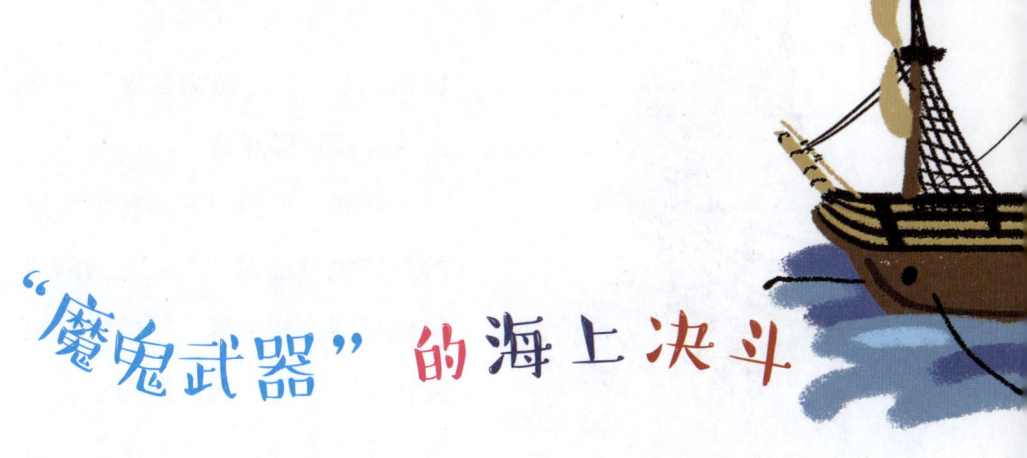

风帆战列舰出现于17世纪,初始舰体为木质结构,舰上装有风帆,以风力为动力,排水量1000吨左右。此外,舰上还装有滑膛炮,能发射实心弹。风帆战列舰问世后,经过人们的不断改良,吨位逐渐增大,舰上的武力装备也日益精良。

英国是最早发展风帆战列舰的国家之一。风帆战列舰为这个曾经的日不落帝国立下了赫赫战功,书写了一段又一段传奇。"胜利"号是风帆战列舰中的佼佼者,也是英国海军的骄傲。它于1765年建造完成,排水量2176吨,舰长69.3米,舰宽15.8米。舰上装有3根桅杆,设置有3层火炮甲板,共装有102门铁铸加农炮和2门巨型短炮。舰上所有武器一次齐射,发射的炮弹可重达半吨!

"胜利"号在服役的一百余年里,经历了许多次战役,其中最有名的莫过于特拉法尔加海战。1805年10月,英法战争期间英国舰队与法国—西班牙联合舰队在特拉法尔加海

域相遇,一场"魔鬼武器"的海上决斗就这样开始了。

此时,英国海军名将纳尔逊的身体十分虚弱,百余次的海战将他变得伤痕累累,但他依然接受任命,担任英国舰队司令员。对于这次海战,他志在必得。当时的英国是个海上强国,英国海军又装备着威力强大的"魔鬼武器"——风帆战列舰。在这次海战中,纳尔逊采取了不同于往常的战术。

随着他在旗舰"胜利"号上的一声令下,英国舰队分两列纵队前进,在同一时间向敌方发起攻击。而法国海军的战舰首先动用火力,打响了特拉法尔加海战第一炮。

英国海军"海上主权"号火炮风帆战列舰冲在最前面,它插入了敌军的两支舰队之间。这时,纳尔逊立即命令"胜利"号率领舰队冲向敌阵。然而,过程中与敌舰队平行而驶的"胜利"号主桅杆被炮弹击中,航速有所降低。当英国舰队接近目标时,"胜利"号巨炮齐射。其中的一枚巨型炮弹击中了法国舰队的旗舰,使其受到重大损伤,重挫了法西联军的士气。

英国舰队的战舰与法西联合舰

队的军舰交织在一起，一片混战。先前，"胜利"号风帆战列舰上主桅杆被联合舰队的炮弹击毁，巧的是折断的主桅杆勾住了法西联合舰队的"敬畏"号战舰。纳尔逊下令用古老而残酷的接舷战战术来俘虏敌舰。

纳尔逊像往常打仗时一样，戴上了勋章，全身心地投入指挥战斗。然而他并没有意识到即将到来的危险。"敬畏"号上的一名枪手瞄准了在后甲板上指挥舰队战斗的纳尔逊。枪弹击中纳尔逊，子弹穿过他的肩、肺和脊骨，留在了背部的肌肉里。

就这样，英国海军名将纳尔逊在海上混战中倒下了。5分钟后，法西联合舰队指挥维尔纳夫率"布桑托尔"号投降。

可惜，纳尔逊没能看到这一幕。

这场"魔鬼武器"的海上决斗终于有了结果。虽然纳尔逊倒下了，英国舰队却以胜利者的身份结束了特拉法尔加海战，迫使拿破仑彻底放弃从海上进攻英国的计划。在这场战斗中，英国舰队共歼灭敌舰15艘，而自身无一损失，英国海上霸主的地位得到进一步巩固。

"永不沉没的战舰"沉没了

  1940 年，德国秘密建成了以铁血首相俾斯麦的名字命名的战列舰。它是一艘巨型战列舰，舰长 251 米，满载排水量 50300 吨，航速每小时 55.6 千米，舰上装有 8 门口径 381 毫米的主炮，还配备 2 具鱼雷发射管和 4 架用于侦察的水上飞机。该舰的防护能力也很强，两舷装甲厚 320 毫米。所以，德国海军把它称为"永不沉没的战舰"。

  第二次世界大战期间，为了切断英国的海上运输航线，德军策划了代号为"莱茵演习"的海上袭击行动。1941 年 5 月 18 日，由"俾斯麦"号和"欧根亲王"号战列舰组成的德国海军舰艇编队秘密出航，悄悄地驶入波罗的海。然而，就在"俾斯麦"号出航前夕，神通广大的英国情报部门就把情报送到了英国海军部。英国海军立即作好了战斗部署，紧密监视着海上魔鬼"俾斯麦"号的一举一动。

  5 月 24 日凌晨，两艘德国战舰驶入丹麦海峡，它们的意图是乘着恶劣天气避开英国军舰,到达预定海域。清晨5时,航行中的"俾斯麦"号突然发现,有七八艘英国军舰正向它驶来,在最前面的是英国的"胡德"号巡洋舰。

　　双方对阵,"胡德"号巡洋舰先发制人,全速向"俾斯麦"号冲去,打响第一炮。"俾斯麦"号自然是不甘示弱,用猛烈的炮火进行还击。第一排炮中有一发炮弹击中了"胡德"号甲板上的一门高炮,弹药爆炸,瞬间引起熊熊大火。当发射第五排炮时,一发穿甲弹竟穿透了"胡德"号的装甲,落入炮塔底下的弹药舱。"轰隆"一声巨响,"胡德"号被炸成两段。不一会,海水吞没了"胡德"号,1400余名舰员丧生。"俾斯麦"号的炮火威力大,打击目标的准确度又高。没几分钟,英军的另一艘军舰"威尔斯亲王"号也中了几发炮弹,不仅舰炮被打坏,连舰员都死伤不少。眼看着敌不过"俾斯麦"号,"威尔斯亲王"号只得施放烟幕,仓皇逃离。

　　然而,"威尔斯亲王"号的逃跑只是权宜之计,战功赫赫、声名远播的英国皇家海军哪肯就此罢休!于是英国的"胜利"号

航母被紧急调来参加针对"俾斯麦"号的攻击行动。5月24日22时,"胜利"号航母派出19架鱼雷攻击机,对"俾斯麦"号进行轮番攻击。但由于夜间能见度差,攻击效果一般,只有一枚鱼雷击中了"俾斯麦"号。由于舰体装甲厚,"俾斯麦"号的舰体损失并不大。在强大的攻势面前,"俾斯麦"号难以抵抗,决定乘着夜幕的掩护撤退。

"俾斯麦"号与英国海军玩起了"捉迷藏"游戏。它不断地曲折航行,不停地改变航向,使得追踪而来的英国舰队迷失了方向。晕头转向的英国巡洋舰最后发现,"俾斯麦"号竟然失踪了!"俾斯麦"号上的德军终于有了短暂的喘歇机会,然而这种幸运并没有持续多久。5月26日上午10时,一架英国巡逻机发现了"俾斯麦"号,英国海军部马上召集"皇家方舟"号航母,让它前来充当围歼"俾斯麦"号的急先锋。19时左右,从航母上起飞的鱼雷攻击机对"俾斯麦"号发起了第一波攻击。"俾斯麦"号自然不会坐以待毙,用高射炮、高平两用炮进行了有力的回击。被德军炮火威慑的英国鱼雷攻击机不敢低飞,由于距目标过远,飞机发射的鱼雷都落了空。英军没有气馁,英国舰载机稍后又发起了第二波攻击。英国战机像发了疯一样,冒着密集的高炮火力扑向"俾斯麦"号,投下鱼雷。有一枚鱼雷命中"俾斯麦"号的舷侧部位,另一枚则命中舰尾。在英军疯狂的鱼雷攻击下,"俾斯麦"号的舵机被打坏了,陷入了操纵失灵的境地。

夜幕就要降临,英国海军派出的几艘巡洋舰仍紧紧咬住"俾斯麦"号不放。它们不慌不忙,有的用舰炮射击,有的用鱼雷攻击,都想将"俾斯麦"号置于死地。而操纵失灵的"俾斯麦"号像一个醉汉,在海面上摇摇晃晃,任凭英国军舰攻击。由于"俾斯麦"号装甲坚固,舰体抗沉性好,英国军舰经过一夜轮番攻击,竟没能把它击沉。

5月27日上午,英国本土舰队也前来参加围歼战。英方的战列舰、巡洋舰、驱逐舰将"俾斯麦"号团团围住,轮番发起攻击,喷射出一道道火舌。炮弹不断在甲板上爆炸,失去动力的"俾斯麦"号上只剩下几门舰炮仍在顽抗,"俾斯麦"号在作最后的挣扎。又有3枚鱼雷命中了"俾斯麦"号,上午10时30分,"俾斯麦"号战列舰沉没了。1000多名德国海军官兵沉入大西洋,"永不沉没的战舰"就这样永远地葬身于海底。

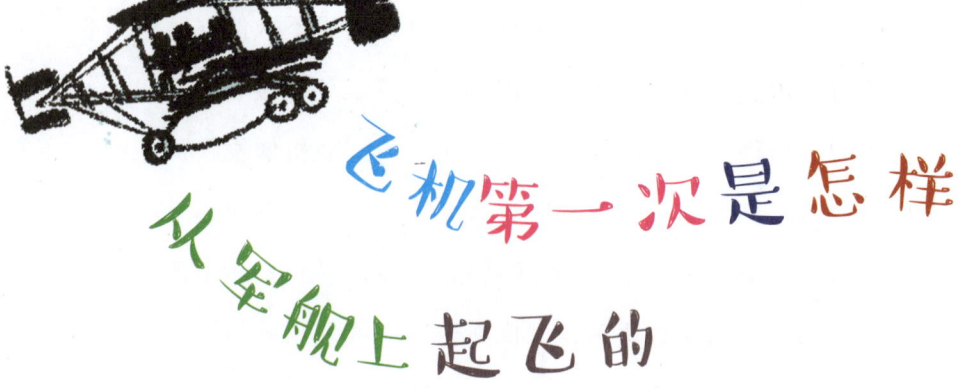

飞机第一次是怎样从军舰上起飞的

航空母舰是一种以舰载机为主要作战武器的大型水面舰艇,舰载机是从航空母舰的飞行甲板上起飞的。天上的飞机与海上的军舰似乎格格不入,它们是如何联手促成航空母舰的诞生的?

在茫茫海面上,海军需要借助于飞机来实施侦察。在飞机发明以前,为了获得敌人情报,海军通常只能派侦察巡洋舰去侦察,但是侦察范围极其有限。飞机发明后,曾有人设想过一种

"可以携带飞机的军舰"。美国海军也十分看好让飞机从军舰上起飞进行海上侦察的前景。一场空前的试验就这样开始了。

美国"伯明翰"号轻巡洋舰被挑选出来进行飞机从军舰上起飞的试验。为了让飞机能够起飞，美国军方在它的舰首甲板上铺设了一条 26 米长的木制飞行跑道。这条飞行跑道从巡洋舰的舰桥开始平缓地向前甲板倾斜。而后，"伯明翰"号驶到了美国东海岸汉普顿的锚地上。1910 年 11 月 14 日清晨，一架柯蒂斯推进式双翼机被起重机吊上军舰。载着飞机的"伯明翰"号驶出汉普顿水道，进入切萨皮克湾。当日下午 3 时左右，天气好转，终于到了可以进行试飞的好时机。此时，在军舰飞行跑道的起点停放着一架柯蒂斯单座双翼民用飞机，它就是即将因为这次试验而闻名的"金鸟"号。这架飞机已经过改装，新装了两个气囊，万一飞机失速掉入水面时，这两个气囊可以减小飞机受到的冲力。美军飞行员尤金·伊利坐进了驾驶舱，一切准备就绪。

由于军舰上的跑道过短，飞机试飞本应在军舰逆风航行时进行，以便加大飞机相对于空气的速度，获得更有利的起飞条件。然而，天有不测风云，现场突然刮起了狂风。为了完成试飞任务，驾驶员尤金·伊利毅然决定：在军舰停泊的条件下强行起飞。伊利起动了发动机，飞机在木质跑道上滑行，速度逐渐加快。不过，由于滑跑距离太短，"金鸟"号未能达到应有的起飞速度。它刚离开飞行甲板，便因升力不足而越飞越低。它一个劲地往下跌，甚至连机轮、气囊和螺旋桨的叶梢都碰到了水面，眼看着就要栽入大海。

观看这次试飞的人都为伊利担心。作为一位经验丰富的飞行员，伊利沉着冷静地操纵着飞机的尾水平舵，终于在飞机扎进大海前的一刹那将它拉了起来。尽管飞机的空气螺旋桨受了些损伤，但它仍然在旋转。在伊利的操纵下，飞机开始爬高，离开了军舰，渐渐消失在蒙蒙细雨中。

飞上蓝天的"金鸟"号在海面上空飞行了几千米。当它最后在海滩附近的一个广场上安全着陆的时候，观看的人群中爆发出了热烈的欢呼声。

这是历史上飞机第一次从军舰上成功起飞的试验。这次壮举，也是航空母舰和海军航空兵发展史上一个重要的里程碑。

飞机第一次是怎样在军舰上降落的

相比于从军舰上起飞,飞机在军舰上降落更为困难。飞机从军舰上成功起飞后,美国军方开始解决飞机在军舰上降落的问题。

1911年1月18日,就在飞机从军舰上起飞试验成功2个月之后,飞机着舰试验在美国西海岸的旧金山拉开了序幕。这一次的试飞员仍然是尤金·伊利,选用的飞机也仍然是"金鸟"号。军舰则换成了"宾夕法尼亚"号巡洋舰。为了让飞机能够有足够的降落空间,美国海军军方在巡洋舰舰尾上方安装了长36米、宽9.6米的平台。平台从主桅底部开始一直伸向舰尾之外,外伸板是倾斜的。即便这样,降落平台仍然太短,无法满足"金鸟"号的着陆要求。在多次研究后,美国军方决定在军舰的飞行甲板上装上简单

的拦阻装置：用钢索做成横向的拦阻索，两头悬挂着能将绳索拉紧的沙袋。这种拦阻装置能将滑飞过阻拦索的飞机绊住，促使飞机更快地减速。

飞机着舰试验这天，旧金山湾的天气不好，"宾夕法尼亚"号的舰长认为该舰所处的水域太小，无法按照预定方案在军舰航行时进行着舰试验，于是决定抛锚，让舰尾迎风。这给伊利带来了更大的困难和风险，因为这意味着他驾驶飞机在舰上降落时，速度将很快。但面对考验，尤金·伊利又一次显示了英雄本色。在空中，他熟练地操纵飞机，降低高度，然后对准舰上的跑道果断俯冲下来。飞机急速冲上跑道，伊利马上向上拉起机头，并关闭飞机发动机。由于着舰速度很快，飞机只挂住了22道拦阻索中的后11道。幸运的是，它还是在距跑道终端约9米的地方停了下来。

这次飞机降落试验是航空母舰发展史上的里程碑，它同两个月前的飞行试验一起，证明

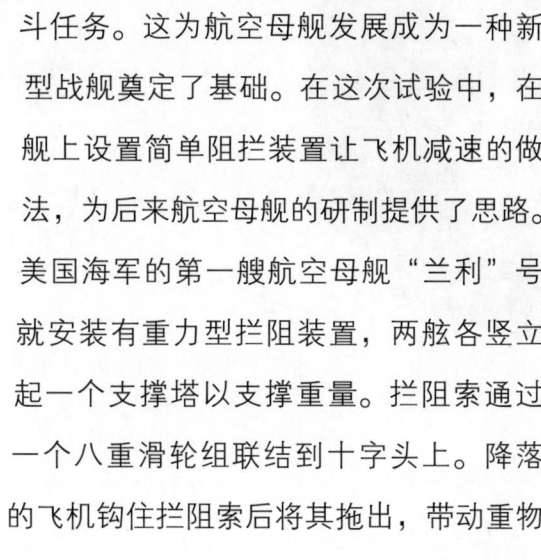

飞机完全可以从军舰上起飞和降落，并执行战斗任务。这为航空母舰发展成为一种新型战舰奠定了基础。在这次试验中，在舰上设置简单阻拦装置让飞机减速的做法，为后来航空母舰的研制提供了思路。美国海军的第一艘航空母舰"兰利"号就安装有重力型拦阻装置，两舷各竖立起一个支撑塔以支撑重量。拦阻索通过一个八重滑轮组联结到十字头上。降落的飞机钩住拦阻索后将其拖出，带动重物沿支撑塔上升。后来，英国改进了拦阻装置，研制出较为完善的液压式拦阻索。

直至今天，航母上舰载机降落仍然采用液压式拦阻索。以美国航母为例，飞行甲板通常备有4道拦阻索，第一道设在距斜甲板尾端55米处，然后每隔14米增设一道，由弓形弹簧张起，高出飞行甲板30—50厘米。舰载机尾部装有挂钩，飞机着舰时挂钩钩住拦阻索，在拦阻索的牵拉作用下强制飞机减速。舰载机停下后，拦阻索从挂钩上脱落，自动复位，迎接下一架着舰机的到来。

如果发生意外，舰载机无法利用拦阻索正常减速，这时就要采取紧急降落方式——使用拦阻网。拦阻网由钢质材料制成，形状类似于渔网。使用时，人们把整个拦阻网撑起来，一头兜住发生故障的飞机。

"辽宁舰"的前世今生

中国第一艘航母"辽宁舰"的前身是苏联航母"瓦良格"号,它于1985年12月4日开始建造。随着苏联解体和乌克兰独立,"瓦良格"号航母变成了乌克兰的财产。然而,乌克兰没有能力继续建造这艘未完成的大型航母。

"瓦良格"号被中国买下后,历经坎坷,直到2002年3月才抵达大连港。在"瓦格良"号沉寂了几年后的2005年年初,人们开始改建"瓦良格"号,在上面安装了许多设备。经过若干年的改建,到了2012年9月25日,"辽宁舰"在大连正式交付海军,当时的国家领导人出席了交接入列仪式。中国人的百年航母梦终于成为现实。

交接入列的"辽宁舰"

与它的前身"瓦良格"号航母大不相同,事实上它已经发生了质变。

"瓦良格"号是苏联"库兹涅佐夫元帅"号的姊妹舰。由于苏联的解体,它没有完全建成,完工量不到70%。而我国交接入列的"辽宁舰"显然要比"库兹涅佐夫元帅"号及

"瓦良格"号更好。它的巨大变化表现在以下几方面:

首先,最大的变化莫过于舰上装备的雷达和电子系统性能的提升。"库兹涅佐夫元帅"号装备的四面相控阵雷达曾被苏联寄予厚望。然而,当苏联继续建造二号舰"瓦良格"号的时候,这个雷达因性能无法满足需求,而被拆卸下来。与此不同的是,"辽宁舰"装有我国自行研制的四面相控阵雷达。这种型号的雷达更为先进,其多目标探测和跟踪能力很强,能有效应对"饱和攻击"。它已装备在我国的其他军舰上,并在抗击索马里海盗的亚丁湾护航中亮相,经受住了实战的考验。

第二个突出变化是进防武器系统的改良。形象地说,

进防武器系统是航母的"贴身保镖"。"辽宁舰"和"库兹涅佐夫元帅"号、"瓦良格"号相比,武器总量有所减少,但是武器的质量有了提高。舰上自卫用的防空导弹、导弹制导雷达等已经完全国产化,自卫防御能力得到加强。"库兹涅佐夫元帅"号建成于20世纪80年代,"瓦良格"号也于同一时期开始建造,它们属于航母"80后"。而"辽宁舰"是航母"10后",更有机会采用新技术、新装备和新的设计思想,从而比它的前辈们更先进。

第三个变化是舰载机和甲板航空设施。"辽宁舰"上的舰载机是完全国产化的。虽然它在外形上跟某些国家的舰载机相似,但是实际上它的内部,特别是它的武器系统以及引导飞控系统,比如导航计算机等,信息化程度更强。此外,甲板航空设施,如拦阻索等,也完全国产,性能更佳。

总体来说,"辽宁舰"是一艘基本能够满足中国海军作战需求、防空需求的新型作战舰艇。它也为我国自主设计研发航空母舰积累了宝贵的经验。

航空母舰可以潜水吗

航空母舰是海上的庞然大物,有"海上浮动机场"之称。它的突击威力大,战斗用途广。潜艇是水下战舰,有"水下杀手"之称。它隐蔽性好,能在水下进行突然袭击。于是,有人想到将航空母舰与潜艇的长处结合起来,制造出一种新颖的战舰——潜水航空母舰。

建造潜水航空母舰的设想,起源于潜艇搭载飞机的试验。早在第一次世界大战期间,英国就有人提出,让潜艇搭载水上飞机,成为飞机的起飞平台。这鼓舞人心的想法引得英国海军跃跃欲试。1916年,英国海军进行了首次潜艇搭载飞机的试验,但却没有成功。1926年,美国海军也进行了潜艇搭载飞机的试验。一架水上飞机从半潜状态的"鹦鹉螺"号潜艇上徐徐升空,在空中飞行了20分钟。这次成功的试验证明潜艇搭载飞机是可行的。

日本在第二次世界大战后期,专门建造了3艘能搭载飞

机的潜艇——"伊400"型潜艇，这种潜艇能搭载3架轰炸机。日本将"伊400"型潜艇搭配普通潜艇组成"神龙特攻队"，专门开展自杀性攻击。1945年7月，携带轰炸机的"伊400"型潜艇与普通潜艇相伴南下，准备对美国航空母舰的停泊锚地进行自杀性攻击。就在它们快接近目标时，接收到了从日本国内发来的"战败，各舰返回基地"的指令。于是这些潜艇销毁了飞机、炸弹、鱼雷，返回日本。就这样，可携载飞机的"伊400"型潜艇在昙花一现之后，寿终正寝。

随着时间的推移，这段历史被尘封。直到后来，研究、发展潜水航空母舰，成为一些国家海军部门的重要研究课题。如果航空母舰具有隐蔽性，它就可以像潜艇一样进行突然袭击。潜水航空母舰可以在水下航行，从它上面可以起降舰载飞机；潜水航空母舰还可与核潜艇组成水下战斗编队，协同作战，开辟海底战场。

针对潜水航空母舰，不同的人有不同的设想。

设想中的一种潜水航空母舰像一艘大型驳船，舰上有机库、弹射器、飞机升降器。舰载飞机起飞时，由构造特殊的弹射系统将它弹射出去，就像潜艇从水下发射导弹一样。

设想中的另一种双体式潜水航空母舰由两个水下舰体、

一个水上舰体和支柱所组成。它的飞行甲板就建造在水上舰体上,水上舰体的重量通过连接两个舰体的支柱由水下舰体所支撑。这种设计的特点是甲板面积大、稳定性好。双体式潜水航空母舰的水上舰体可潜没在海中,当它浮出海面时,舰载飞机就可在飞行甲板上起降。

这些设想中的潜水航空母舰,排水量和尺寸比一般的核潜艇要大,但比现代重型航空母舰要小得多。它们的下潜深度不大,以露出潜望镜为宜。这样,潜水航空母舰在潜航时,不仅可以升起潜望镜观察,还可以升出雷达、无线电天线,进行海面观察和通信。设想中,潜水航空母舰上的舰载飞机与一般的舰载机也不同,需要全新设计。有一种多用途三栖飞机是潜水航空母舰的理想舰载机。它既能在空中飞行,又能在水上航行,还能在海中潜游。三栖飞机由潜水航空母舰上的弹射器弹射出舰,进入水中后靠自身动力驱动前行,同时对应急浮筒快速充气,使飞机急速上升。当飞机浮至海面时,三栖飞机启动喷气发动机,飞离水面,在空中飞行。

随着技术的不断发展,一旦三栖飞机研制成功,潜水航空母舰将由设想变为现实。

隐形的战舰

1996年10月，在巴黎举行的欧洲海军展览会上，一艘名为"鬼魂"号的隐形驱逐舰横空出世。它的排水量为2500吨，舰上装有两套动力装置。令人惊奇的是，如同它的名字"鬼魂"一般，它竟能隐蔽自己的行踪！

作为海上的庞然大物，"鬼魂"号究竟动用了什么秘密手段，才实现了隐形的功能呢？

第一，隐形战舰通常采用独特的外形与特殊的材料，以躲避雷达追踪。隐形战舰大多采用封闭舰体的设计。英国的"鬼魂"号隐形驱逐舰呈多面体形状，舰体横断面呈波形，从而大大减小了雷达波反射截面积。有些隐形战舰还采用

具有吸波和透波性能的复合材料（如石墨纤维增强塑料）作为舰体材料，并在舰体表面涂上能吸收雷达波的涂层。另外，舰上各种设备的设计也都基于减少雷达波反射截面积的考虑。

第二，为抑制红外辐射，避开红外探测仪的探测和红外寻的导弹的跟踪，隐形战舰除舰体采用特殊复合材料外，还设法降低发动机排气、排水温度，在舰体表面涂有绝热层。

第三，为降低噪声辐射，避开敌方声呐的搜寻与跟踪，隐形战舰上多半采用超低噪声主机、辅机和传动机械，并在舰体表面安装消声器。一旦敌方声呐发射的声波抵达战舰，消声器会将这些声能转变为热能，敌方接收不到反射的声波，就发现不了舰船。

第四，为防止敌方的电子探测，隐形战舰还采取了多种减少自身电磁特征的措施，如使用绝缘包装的电缆以减少其电磁辐射，对电子设备进行屏蔽，用全球定位系统代替无线电导航，等等。

正是由于采用了上述隐形技术，隐形战舰才具备了高超的隐形本领。这样一来，隐形战舰可以神不知鬼不觉地突然出现在作战海域，进行海上突袭和战斗。

目前，世界上的隐形战舰多半还处于研制、试验阶段，美国的"海影"号就是其中一员。它是一艘小水线面双体船，舰长50.0米，宽20.7米，排水量569吨。美国海军在"海影"号上进行了一系列试验，有针对性地测试隐形战舰的结构和性能。除了美国外，其他一些国家也在发展隐形战舰，如法国海军的"拉斐特"号隐形护卫舰，瑞典海军的"斯米格"号隐形气垫巡逻艇，以色列海军的"萨尔"5级隐形护卫舰。

特别值得一提的是，俄海军正在研制万吨级隐形远洋导弹驱逐舰，这种隐形战舰的设计排水量为1万吨，采用的是与隐形飞机类似的隐身技术。它的舰体结构独特，同时使用多种隐形材料作涂层，具有对多种探测设备隐形的特性。

"蚊子"吃掉了大舰

1967年10月21日,以色列驱逐舰"埃拉特"号出现在埃及塞得港外海面上。"埃拉特"号的标准排水量为1 710吨,装有4门口径为115毫米的主炮和6门口径为40毫米的高射炮。它自恃舰体大,炮火威力大,不把埃及、叙利亚的海军舰艇放在眼里,大模大样地在塞得港外巡弋挑衅。

约17时半,"埃拉特"号驱逐舰上的官兵从雷达上发现,有两个飞行物正向它飞来。随着距离越来越近,官兵发现那竟是三枚导弹!舰长慌忙下令让舰艇改变航向,想以此来躲避导弹的袭击。可是来袭的导弹却像长了眼睛一样,紧紧地盯住了舰艇。无法逃脱的"埃拉特"号只得应战。舰长下令,用火炮拦截飞速来袭的导弹。一时间,舰上的主炮、高射炮一齐向来袭导弹开火,可是发射出去的炮弹都落了空。

情势变得十分危急。"轰"的一声响,第一枚导弹击中了"埃拉特"号的锅炉舱。过了两分钟,第二枚导弹击中了轮机舱。烈火熊熊燃起,"埃拉特"号顷刻间失去了机动能力,舰体发生严重倾斜。紧接着,又有一枚导弹击中了它的后甲板。被导弹严重破坏的"埃拉特"号燃起熊熊烈火,而且开始进水。不得已,舰长下令弃舰,舰员们一个个跳海逃生。不一会儿,接连被三枚导弹命中的"埃拉特"号驱逐舰葬身海底!

这三枚导弹是从哪来的?原来导弹是从一艘埃及快艇上发射的。这艘立下赫赫战功的快艇,便是20世纪50年代末问世的新型舰艇——苏制"蚊子"级导弹快艇。

从体型上看,小小的"蚊子"远非庞然大物"埃拉特"的对手。那么,为什么"蚊子"能吃掉大舰呢?

这艘击沉以色列驱逐舰的"蚊子"级导弹快艇是由鱼雷快艇改装成的,艇上装载着苏联研制的"冥河"导弹。"冥河"导弹是一种飞航式反舰导弹,外形像飞机,弹长6.25—6.50米,弹体直径为0.76米,战斗部质量为500千克,装有烈性炸药。它利用雷达自动巡航,能自动寻找目标,并在飞行中自动修正飞行方

向，直到击中目标。

在这场战斗中，为了对付"埃拉特"号，装载着"冥河"导弹的"蚊子"级导弹快艇展现了它的"演员修养"。它事先隐蔽在塞得港内，不动声色，像一艘普通的鱼雷快艇。当埃及海军的雷达发现"埃拉特"号在塞得港外的海面上耀武扬威时，"蚊子"级导弹快艇和另一艘别称为"黄蜂"的"奥萨"级导弹快艇，立即做好了导弹攻击准备。

当夜幕降临时，"蚊子""黄蜂"一齐出动。在测定好"埃拉特"号的方位后，"蚊子"级导弹快艇率先发射两枚"冥河"导弹，紧随其后，"黄蜂"艇也发射了两枚"冥河"导弹。"埃拉特"号驱逐舰虽然舰体巨大，炮火威力强，但在"蚊子""黄蜂"面前，却成了一头不折不扣的笨"大象"。在数枚导弹的密集攻击下，"大象"被"蚊子"和"黄蜂"联手打败了。

自这场战斗之后，导弹艇为各国海军所重视，各国竞相发展导弹快艇，以增强海上军事力量。导弹快艇成了现代舰艇中的重要组成部分。它们作为海上突击手，活跃在海战舞台上。

"飞鱼"吞巨舰

发生于1982年的英阿马岛战争中,最使英国受到震撼、也最使人感到惊讶的是阿根廷海军用法国制造的"飞鱼"导弹创造的战绩。它不仅击沉了英国驱逐舰"谢菲尔德"号,还攻击了英国航空母舰"无敌"号,创造了"飞鱼"吞巨舰的奇迹。

人们不禁要问:那么小巧的"飞鱼"是怎样吞灭英国驱逐舰这样的庞然大物的?

"飞鱼"导弹是法国研制的一种反舰导弹。最先研制的型号是装备于军舰上的舰载型"飞鱼"MM38。后来,经过不断改进,科学家们又研制出由空中飞机发射的"飞鱼"AM39和可以从海上舰艇发射的"飞鱼"SM39、MM40。马岛海战中击沉英国"谢菲尔德"号的是"飞鱼"AM39型反舰导弹。

"飞鱼"反舰导弹是一种性能优良的导弹，它具有以下三个特点：一是全天候作战性能。"飞鱼"导弹可以在风雨天、云雾天进行发射，既能经受住高空中低压、低温的考验，也能经受恶劣的海情考验，攻击水面舰船和海上目标。二是能低空飞行，"飞鱼"导弹可在距离海面3—5米的高度上掠着海面飞行，利用舰载防空雷达的死角突袭敌舰。三是攻击范围广，战斗威力大。"飞鱼"导弹装备高精度的制导系统和威力强大的战斗部，命中率高，攻击范围大，最大射程可达70千米。

1982年5月4日，英国与阿根廷仍在争夺马尔维纳斯群岛的主权，局势趋于白热化。阿根廷海军的"5月25日"号航空母舰上，停放着两架法制"超军旗"战机。地勤人员在一架长机上挂上了两枚"飞鱼"导弹，在另一架僚机上挂上了两枚"响尾蛇"空对空导弹，做好了应战准备。当天10时，阿根廷军方得到情报，发现了英国"谢菲尔德"号驱逐舰的踪影。两架"超军旗"战机立即出动，从"5月25日"号航空母舰上起飞。为保持隐蔽，它们小心翼翼地贴着海面，在雷达"盲区"中飞行。

此时，在海面上游弋的"谢菲尔德"号全然不知危险的临近。"谢菲尔德"号是英国的一艘新型导弹驱逐舰。这艘驱逐舰的舰长十分自负，他根本不把阿根廷海军放在眼里，更是不相信阿根廷海军会有胆量对英国舰队发起攻击。然而，扬扬得意的舰长没想到的是,阿根廷的两架"超军旗"战机正在悄悄地接近它!在离英舰 46 千米时,这两架阿根廷战机打开了机载雷达。不出所料,战机的雷达屏幕上出现了"谢菲尔德"号的身影。飞行员立即将机载雷达测得的目标数据输入"飞鱼"导弹系统,并不失时机地按下导弹发射钮。"呼"一声,只见战机机翼下一阵闪亮,"飞鱼"导弹像箭一般地飞了出去。

此时在另一处,站在舰桥上的"谢菲尔德"号舰长只见一个红白相间的物体掠过,一声"导弹!"尚未出口,只听见"轰"的一声,一枚"飞鱼"导弹击中了"谢菲尔德"号舰体中部。舰体上立即出现一个大洞,浓烟夹杂着火舌从洞中蹿出。大火迅速向全舰蔓延,火势越来越猛。

眼见大势已去,无可奈何的舰长只得下达弃舰命令。"谢菲尔德"号上的烈火一直烧到傍晚 17 时。火焰最后引爆了舰上的弹药库。伴随着一连串震耳欲聋的爆炸声,"谢菲尔德"号驱逐舰从海面上消失了。就这样,"飞鱼"导弹击沉了驱逐舰"谢菲尔德"号。

现代潜艇是怎样诞生的

无论是布什内尔的乌龟艇、富尔顿的风帆潜艇,还是亨利上校的"亨利"号潜艇,这些早期潜艇同现代潜艇相比,从原理、构造到外形都没有一点相像之处。你甚至很难找到它们的共同点。

那么,现代潜艇是怎样诞生的?

在美国南北战争期间建造的"亨利"号潜艇的沉没,标志着人力潜艇时代的结束。随着机器动力的诞生,人们自然想到用机器动力来推进潜艇。

1875年,爱尔兰人约翰·霍兰设计了一艘机器动力潜艇。对潜艇研发怀有满腔热情的霍兰急需一笔将设计想法转化为实物的资金。他把设计图送到美国海军部,却因为当时的美国海军部对潜艇缺乏兴趣而备受冷落。霍兰不灰心,又找到流亡在美国的爱尔兰革命组织"芬尼亚社"。这个组织对机器动力潜艇十分感兴趣,他们资助霍兰建造机器动力潜艇,还想用这个秘密武器攻打英国军舰。

1878年,一艘单人驾驶的机器动力潜艇"霍兰-1"号建成了。"霍兰-1"号艇长5米,艇上装有内燃机,水下航速约每小时5.6千米。可是,这艘潜艇却在试验中出了事故而沉没。其后,霍兰又动手建造了"霍兰-2"号。"霍兰-2"号艇长10米,排水量19吨,艇上装有内燃机。为了保持下潜时的稳定,艇体上装有升降舵。同时,潜艇上装备的气动加农炮能在水下发射鱼雷,这艘潜艇成为了"水下炮艇"。但可惜的是,"霍兰-2"号依然没有达到预定目标。它发射的鱼雷在水下航行几米后就破水而出,无法攻击敌方军舰。

"霍兰-2"号的失败使"芬尼亚社"组织对霍兰失去了信心,他们停止了对霍兰的资金支持,还偷偷运走了他正在研制的第三艘潜艇。但是,备受打击的发明家霍兰并不气馁,他在朋友的支持下,设计并建造了第四艘潜艇。但是,这艘潜艇在下水时发生了事故,好不容易建造完成的潜艇又毁于一旦。

1893年,美国海军终于意识到了潜艇的重要性,于是举行了一次潜艇设计比赛来挖掘潜艇研发人才,经验丰富的霍兰一举夺得桂冠。于是,霍兰在美国海军支持下,又锲而不舍地开始动手制造第五艘潜艇——"潜水者"

号。但是，美国海军出于军事需要的考虑，要求"潜水者"号用于水面作战。坚持自己理想的霍兰拒绝了美国海军的要求，他抛开"潜水者"号，按照自己的设想设计了"霍兰-6"号。这是霍兰设计的最后一艘潜艇，被人们称为"霍兰"号潜艇。

"霍兰"号潜艇于1897年建成，并在1900年为美国海军所购买。作为现代潜艇的前身，"霍兰"号潜艇艇长15米，艇上装有一台汽油发动机和一台以蓄电池为能源的电动机。"霍兰"号在水面航行时利用汽油发动机提供动力；在水下航行时就使用蓄电池的电动机来提供动力。这艘潜艇上还装有鱼雷发射管，能在水下发射鱼雷。

从此，现代潜艇在"霍兰"号的基础上，快速发展了起来。

核潜艇参加过实战吗

核潜艇一直以来都不是英军的强项。在当今世界上,英国海军拥有的核潜艇数量算不上最多,性能也算不上最先进。然而,英国海军却在同阿根廷的马岛战争中,创造了核潜艇首次参战的世界纪录。这一记录的创造者是英国的攻击型核潜艇"征服者"号。

核潜艇是核动力潜艇的简称,以核反应炉为动力来源。攻击型核潜艇是一种以鱼雷为主要武器的核潜艇,专门攻击敌方的水面舰船和水下潜艇。"征服者"号是英国的第二代攻击型"勇士"级核潜艇,建于1966—1971年间。"征服者"号是"勇士"级核潜艇的第4艘艇,艇长86.9米,艇宽10.1米,排水量4900吨。艇上装有1座压水式核反应堆,1台蒸汽轮机,

水下航速约每小时51.9千米。艇首装有6具鱼雷发射管，可发射"虎鱼"线导鱼雷，也可发射反舰导弹。从武器装备来看，"征服者"号是一艘作战能力很强的攻击型核潜艇。

马岛战争发生在1982年4月2日拂晓，阿根廷军队5000余人突然在马尔维纳斯岛登陆。驻岛英军只抵抗了几小时，便宣布无条件投降。4月3日，英国迅速作出反应，抽调海军总兵力的三分之二，组成一支强大的特混舰队，进军马尔维纳斯群岛。

英国海军特混舰队极其庞大，共有舰船111艘，包括作战舰艇44艘，辅助船只22艘，商船45艘，两栖运输船20艘；飞机包括舰载"鹞"式飞机28架，空军"鹞"式飞机14架；兵力包括海军陆战队及步兵旅等9000余人。尤其引人关注的是，这支特混舰队中有2艘核动力潜艇，"征服者"号就是其中之一。

4月26日，英国特混舰队首先攻下了南乔治亚岛，并于30日完成了对马岛周围的约370千米范围的海上和空中的封锁部署。随即，英国国防部宣布，所有进入马岛周围禁区的飞机和舰只都将遭到攻击。

在英国特混舰队驶往南大西洋马岛海域的途中，"征服者"号核潜艇一面航行，一面训练，特

别强化了鱼雷攻击训练。5月1日,英国特混舰队在茫茫浓雾中到达马尔维纳斯群岛以东海域。这时,在"征服者"号核潜艇的潜望镜里,出现了一个巨大的黑影。艇长布朗中校判断,这巨大的黑影就是阿根廷海军旗舰"贝尔格诺将军"号巡洋舰,他当即下令对其进行跟踪。

由于阿根廷巡洋舰是在英国宣布的禁区以外航行,布朗中校没有贸然对其发起攻击,而是立即向英国海军作战部请示。英国海军作战部又将这一情况上报给了英国政府。当时的英国首相撒切尔夫人作出了对其进行攻击的指示。

得到英国最高当局批准后,布朗中校马上让"征服者"号核潜艇做好准备。5月2日下午,英国的"征服者"号核潜艇在马岛禁区外60余千米处,向阿海军旗舰"贝尔格诺将军"号巡洋舰发射了3枚鱼雷,其中两枚鱼雷命中目标。阿根廷巡洋舰上瞬间燃起熊熊大火。一小时后,"贝尔格拉诺将军"号巡洋舰沉没。阿军官兵共阵亡和失踪321人。

就这样,"征服者"号首创了核潜艇作战世界纪录。

主动追杀舰船的水雷

水雷有"水下伏兵"之称,被布设于海洋后,它就静悄悄埋伏在那里。当舰船驶近它的身边,水雷上的引信被触发或被感应,它就会起爆,杀伤航行中的舰船。所以,水雷是一种被动式武器,布设后要"守株待兔",等待舰船自动上门,因而作战中有一定的局限性。

然而,随着科学技术的发展,现代海战中出现了一代新型水雷——主动水雷。它们可以先发制人,主动出击,袭击在海上航行的水面舰船或在水下航行的潜艇、深潜器,成为追杀舰船的"水下杀手"。

最早的主动水雷是一种上浮水雷。苏联海军曾研制了一种上浮水雷。这种水雷的雷体中有压载水舱。利用压缩空气排空舱中的水,产生向上的浮力,沉在海底的水雷便能向上浮起。水雷在上浮过程中,雷体上的翼板发挥作用,使雷体保持在稳定的水下弹道中前进,最后由水声定位引信导向目标。其中一种叫"比目鱼"的上浮水雷，因操作简单，具备了机动能力，曾参加过实战。

之后，苏联在上浮水雷的基础上发展了一种自导水雷。这种自导水雷被固定于基地入口处的海底，当敌方舰船接近时，水雷自带的探测仪能探测到敌方舰船发出的电磁波、声波等信号。一旦确定敌情，发射装置便自动启动，水雷径自飞向目标，摧毁敌方舰船。自导水雷具有诸多优势，它射程远，水下运动速度快，爆炸威力大，能有效对付敌方水面舰船和水下潜艇。自导水雷的使用方式也十分灵活，既可以由海底固定发射装置发射，也可以由水下潜艇上的鱼雷发射管发射，还可由水面舰船、飞机投放。

主动水雷的出现，将水雷打击舰船的能力又提高了一筹。主动水雷是一种配备了动力装置和自导系统的水雷，主要用于反潜战斗。主动水雷布设于海底，它的战斗部——自导鱼雷置于集装箱式发射装置内。主动水雷上装有两种引信——主动引信与被动引信。主动水雷一旦布设成功，雷体上的被动引信就开始兢兢业业地"值班"，一刻不停地搜索周围海域中水面舰船、水下潜艇发出的声音信号。一旦发现行驶在主动水雷攻击距离内的目标，主动引信便开始工作，引导鱼雷以迅雷不及掩耳之势从锚泊于海底的集装箱式发射装置中发射出去。

主动水雷发射出去后，雷体上的发动机开始工作。同时自导装置开始搜索目标，跟踪追击。当自导鱼雷追上目标或距目标一定距离时，它就会自行爆炸以摧毁目标。美国海军曾使用过一种名为"捕手"的主动水雷，将其布设于几百米深的海底，用于对付水下潜艇。

另外有一种空投机动水雷也被归入主动水雷之列。这种水雷被空投入水后，能在水中机动，追杀航行中的舰船。空投机动水雷的雷体上装有固体火箭发动机和高频定向声呐，因而它能在水中自航，并自行寻找目标。空投机动水雷主要装备于反潜机上，被空投于预定海域后，便隐藏在那里，成为水下伏兵。随后高频定向声呐开始工作，探测周边舰船所发出的声波信息，一旦确定所要攻击的目标，它便立即启动固体火箭发动机，雷体快速上浮。雷体一边上浮，一边在声呐自导系统的控制下接近目标，一旦到达可攻击范围，炸药便被引爆从而炸毁目标。

主动水雷的出现，大大提高了水雷武器的战斗效用，使得古老的水雷在现代海战中焕发新的生机。

蓝天上的翱翔

空中"肉搏战"

在"一战"后期的空中战场上,曾经出现过一幕空中奇观:英国的"骆驼"战斗机与德国战斗机在空中进行了一场惊险的"肉搏战"。

事件要从"福克灾难"说起。1915年至1916年年初,配备先进射击协调装置的德国"福克"式战斗机控制了整个欧洲的天空,它就如谜一样的空中杀手,让攻击目标有去无回。"福克灾难"让英法等国家的飞行员胆战心惊。面对此种情况,英法等国只得加紧研制和生产新型战斗机。功夫不负有心人,1917年春,英国终于研制成功一种新型战斗机"索普威斯"F.1。后来,它被证明是"一战"期间优秀战斗机中的杰出代表。

"索普威斯"F.1战斗机是一种双翼机,机长5.72米,翼展8.53米,机高2.59米,最大起飞重量659千克,机上配备2挺机枪。由于机枪上方的罩子凸起,如同骆驼的驼峰,

所以这种战斗机又被形象地称为"骆驼"战斗机。"骆驼"具有良好的机动性,适合于近距离空中格斗,是空中"肉搏战"中不折不扣的勇士。

当"骆驼"战斗机及协约国的其他新型战斗机参战之后,原先所向披靡的德国战斗机遇到了克星。在"一战"后期的空中战场上,常常可以看到"骆驼"战斗机与德国战斗机"肉搏"的场面。"骆驼"战斗机在1917—1918年的空中"肉搏战"中,曾击落敌机1294架,创造了"一战"中战斗机的最好战果。

英国"骆驼"战斗机的诞生与参战,也造就了一批优秀的王牌飞行员。在英国皇家空军中,击落敌机最多的飞行员是曼诺克少校。曼诺克1916年加入英国皇家空军,1917年开始驾驶"骆驼"战斗机参加空中战斗,一个月后首创纪录,击落一架德国战斗机。在之后的空战中,曼诺克共击落敌机73架,成为当时英国皇家空军中击落敌机数量最多的王牌飞行员。1918年7月26日,曼诺克少校驾驶着"骆驼"战斗机与德军战斗机交战。不幸的是,机上的油箱被地面机枪击中,油箱起火,曼诺克少校不幸遇难。

"骆驼"战斗机所参加的最著名的战斗,即是发生在1918年4月的那场肉搏战——一架"骆驼"战斗机击落了德国"福克Dr.1"战斗机。4月21日,英国皇家空军飞行员布朗恩驾驶的"骆驼"战斗机与德国王牌飞行员里希特霍芬驾驶的"福克Dr.1"战斗机在空中战场相遇。"福克Dr.1"战机被漆成深红色,十分醒目,它伴随着里希特霍芬立下赫赫战功,因此被德军尊敬地称为"红色男爵"。里希特霍芬驾驶"红色男爵"战斗机共击落协约国战斗机80架,创造了"一战"中个人击落敌机数量最多的纪录。这是一架三翼机,飞行时机动灵活,转弯性能和爬高性能都显著优于协约国的战斗机。然而,当"红色男爵"与"骆驼"相遇时,"红色男爵"却不敌"骆驼"了。经过一场激烈的较量,布朗恩驾驶着"骆驼"打败了"红色男爵",德国王牌飞行员里希特霍芬就此命归西天。

飞机可以拦截导弹吗

"二战"期间,德国法西斯用秘密武器 V-1 导弹突袭英国的伦敦和其他城市。突如其来的"空中杀手"惊破了人们酣甜的睡梦,使英国人民蒙受了重大的伤亡和损失。在这以前,民众从未听说过导弹。一时间,关于怪物现世的流言甚嚣尘上。为了对付 V-1 导弹,安抚民众,英军尝试采用多种办法对导弹进行拦截,起先他们尝试用地面高射炮、高射机枪,后来又施放气球。最后,为了更有效地拦截 V-1 导弹,英国空军决定动用飞机。

飞机可以拦截导弹?这个奥秘得从 V-1 导弹的构造说起。

V-1 导弹是一种带翼式导弹,两侧有翅膀似的弹翼,看起来像架小巧玲珑的飞机,不过飞行速度比较慢。这看似不起眼的特征成为拦截的突破点。当时英国已经研制成功"流星"喷气式战斗机。该型战斗机装有 2 台涡轮喷气发动机,配置 4 门机炮作为武器。它的速度比 V-1 导弹快,可以在空中赶上导弹，用随身携带的机炮摧毁导弹。

这不失为一种拦截导弹的好方法。但是，这样做存在着一个问题。当导弹被命中后，导弹战斗部会被引爆，对战斗机和飞行员的安全带来严重威胁。为此，英军飞行员想出另一个办法：当飞机靠近导弹后，伺机用机翼撞击V-1导弹弹翼，使后者翻转，从而导致导弹上的控制仪器失灵，无法稳定飞行和导向目标的导弹最后会从空中坠落。

不过，这个设想的"空中撞击"法只是纸上谈兵，它是否可行呢？

检验的时刻到了！1944年8月4日，"流星"喷气式战斗机首次尝试采用"空中撞击"法对付V-1导弹。那天，德军又动用V-1导弹袭击英国南部一座城市，英国皇家空军的"流星"战斗机奉命前去拦截。

这项艰巨的任务由飞行员迪恩中尉完成，它驾驶一架"流

星"战斗机起飞。飞机在汤布里奇上空12000米高度上巡航的时候,迪恩中尉发现了一枚来袭的V-1导弹。他原本打算用机炮来对付它,但不巧的是,机炮一时发生了故障,他只能用"空中撞击"法来对付它。

迪恩中尉驾着"流星"战斗机追上V-1导弹,小心翼翼地接近它,与它保持同步飞行。接下来,迪恩中尉让战斗机的一侧机翼垫到V-1导弹弹翼的下面。然后他猛压驾驶杆,使一侧机翼猛地向上一抬。V-1飞航式导弹失去平衡,在翻了一个跟斗之后,坠落在郊外宽旷的田野上。

迪恩中尉的成功,证明了用"空中撞击"法对付V-1导弹是有效的。后来,"空中撞击"法在英国空军中得到推广。在1944年8月这一个月中,"流星"战斗机共击落13枚V-1导弹,有效地遏制了德军的导弹袭击。

战斗机——空战舞台的"霸主"

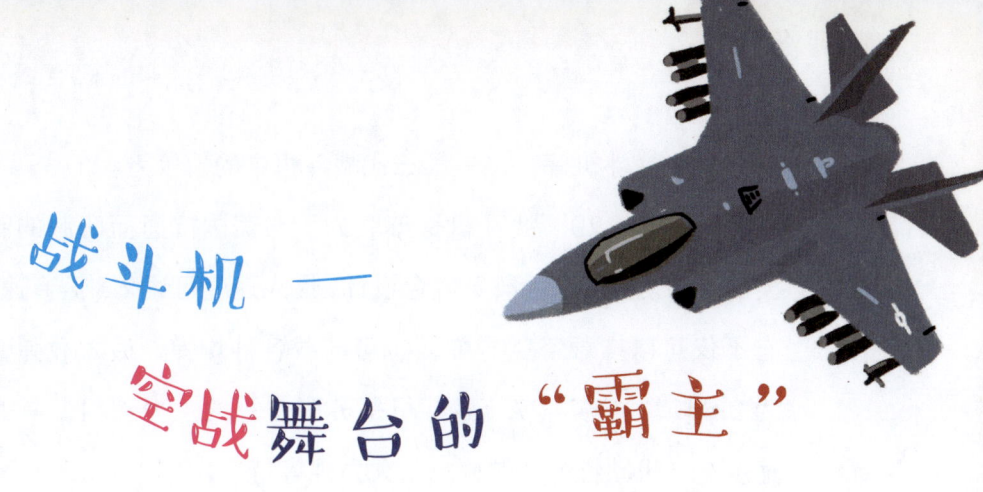

1911年,人类首次将飞机应用于空中战场,并看到了它的巨大潜力。早期的战斗机是双翼战斗机,依靠活塞式发动机驱动螺旋桨产生动力。自从喷气式战斗机问世后,人们一直在追求更高的速度和更优良的战斗性能。因此,第三代、第四代、第五代战斗机相继问世。

第三代战斗机的代表是美国的F-15战斗机,其后美国又研制了F-16战斗机。F-16是一种轻型战斗机,机身和机翼融合成一体,最大速度可以达到约2倍音速,实用升限可达17 200米。机上装有一门机炮,有9个外挂点,可挂载空空导弹、空地导弹和各种炸弹。海湾战争中,多国部队装备的约250架F-16战斗机参加了战斗,在"沙漠风暴"军事行动中大显身手。

另外,俄罗斯"米格-29"战斗机、"苏-27"战斗机,法国的"幻影"2000战斗机以及英、德、意三国合作研制的

"狂风"战斗机等,也是第三代战斗机中的佼佼者。

"米格-29"战斗机是苏联为了与美国抗衡而研制的制空战斗机。它也采用翼身融合设计,最大速度可达2.3倍音速。它不仅可以挂载空空导弹,也可挂载各种炸弹,最大载弹量为3.6吨。"苏-27"战斗机是苏联空军的主力战机,具有速度高、机动性好、航程远、火力强等特点,主要用于防空,拦截来袭的战机以及巡航导弹等。目前,"苏-27"系列战斗机也是俄罗斯的王牌战斗机,不仅装备俄罗斯航空兵部队,还出口海外,走向世界。

"狂风"战斗机是英、德、意三国合作研制的一种多用途战斗机。海湾战争中,多国部队共部署86架"狂风"战斗机,累计出动2400架次,击毁、破坏伊拉克大型机场35个,小型机场60个。"狂风"战斗机所以威力如此之大,是因为它挂载了秘密武器——反跑道子母弹,专门用于攻击机场跑道。

空战舞台风水轮流转。不久之后,在第三代战斗机的基础上,军事大国又研制成功第四代战斗机,其代表有法国的"阵风"战斗机、欧洲四国(英、德、意、西)合作研制的EF-2000战斗机。第四代战斗机具有更好的飞行性能和更佳的隐蔽性能,在争夺空战舞台的"霸主"地位时,一度遥遥领先。

进入21世纪之后，第五代战斗机成为世界各国现役机种之中最先进的一代战斗机。第五代战斗机最突出的亮点是全面运用低可侦测性技术，也就是俗称的"隐身技术"。此外，它们还具备高机动性，能在很短的时间内改变飞行速度、高度和方向，应对突发情况游刃有余。第五代战斗机还配有先进航电系统、高度集成计算机系统，具备优异的战场态势感知能力。目前，已经服役的第五代战斗机仅有美国生产的F-22"猛禽"战斗机、F-35"闪电"攻击战斗机，以及中国生产的歼-20"威龙"战斗机。

蓝天是战斗机搏杀的战场，也是被激烈争夺的舞台。当第五代战斗机还在台上表演时，第六代战斗机就已经蓄势待发，即将登场了。第六代战斗机通常是指由人工智能控制的战斗机，目前各国正在研发之中。与五代机相比，六代机通过全翼身融合和大升阻比设计，很好地兼顾了战斗机在各种高度、各种姿态下的隐身性和机动性。如果说五代机是基于信息系统的战斗机，那么六代机就是基于物联网的战斗机。六代机实现了真正意义上的陆、海、空、天、电、网一体化，实现了基于物联网的互联互通互操作，它们将成为未来的空中"霸主"。

"黑蝙蝠"是如何隐身的

在烽火连天的战争岁月里，空中成群结队呼啸而来的"黑蝙蝠"无疑是人们的噩梦。它们带来的一颗颗从天而降的炸弹就像无情的恶魔，摧毁庇护民众的建筑物，夺去人们的生命。这些类似"黑蝙蝠"的家伙，就是令人闻风丧胆的轰炸机。

B-2轰炸机是美国空军装备的一种战略轰炸机，它是在B-52轰炸机的基础上发展起来的，具有隐形的本领。它是目前世界上最先进的隐形轰炸机，常常被派去执行战略轰炸任务。在空中不加油的情况下，B-2的作战航程可达1.2万千米;

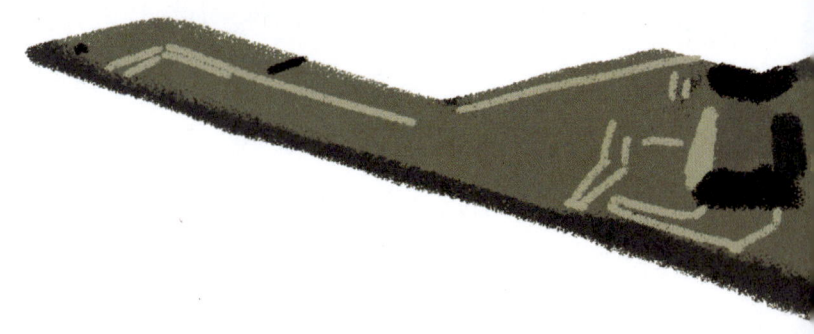

若空中加油一次，B-2轰炸机的作战航程可达1.8万千米。B-2轰炸机一次空中飞行时间可达10小时，美国空军号称，"黑蝙蝠"具有"全球到达"和"全球摧毁"的能力。这样一个杀伤力巨大的"怪物"自然有着不平凡的模样。B-2隐形轰炸机的机身下表面涂刷着一层黑漆，当地面上的人抬头望去时，它就像飞行在空中的黑色蝙蝠，故有"黑蝙蝠"之称。

那么"黑蝙蝠"是如何修炼成令人惊叹的"隐身术"的呢？

B-2轰炸机之所以具有隐形功能，是因为它的机身采用了多种隐形技术。

为了使"黑蝙蝠"具有对雷达隐形的能力，设计者最大限度地减少机身的雷达反射面积。B-2轰炸机的机翼和机身是按"翼身融合体"原则进行设计的。这也就是说，机身和机翼的衔接设计得非常光滑，根本分不清机翼和机身的界面。武器、燃料集中在机体内，机身光滑无突出部位。飞行员座舱也不像一般战斗机那样向上鼓起，而是深深地埋在机身里……这些构造设计，最大限度地减少了雷达反射面积。

同时，B-2隐形轰炸机的机体由吸波性能良好的材料制

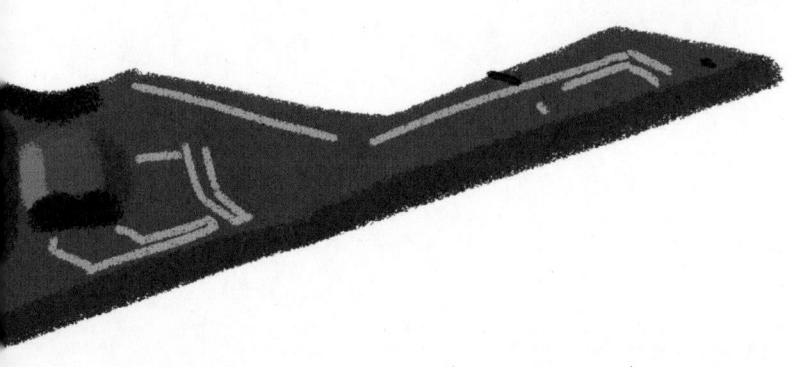

成，表面蒙皮则采用了石墨蜂窝状夹层结构。这样一来，到达机身表面的雷达波能被机体吸收，大大减少了反射的雷达波。总的来说，B-2隐形轰炸机的雷达反射面积不到0.1平方米，仅相当于空中的一只飞鸟，有效地实现了对雷达的隐形。

除了雷达之外，红外探测设备也是隐形战机的"天敌"。为使B-2隐形轰炸机具有红外隐身能力，它的发动机采用背部进气道，充分利用机身的屏蔽作用。发动机的排气是通过扁平喷管从机翼上表面后缘交汇处排出，从而有效减少红外辐射，实现红外隐身。另外，由于B-2机身上表面涂蓝灰色漆，下表面涂黑色漆，人们仅凭肉眼难以发现它，从而最大限度地降低B-2隐形轰炸机在可见光波段被观察到的概率。

空中谍王——"黑鸟"

从某种意义上来说,人类的文明史也是一部战争史。那么,战争双方的成败仅仅取决于武力的强弱吗?当然不是了!其实,战争的结果在很大程度上依赖于双方情报获取与信息分析的能力。谍战片里常常有这样惊心动魄的故事情节:主角为了获取情报、传递情报不惜以身犯险。事实上,除了搜集大量间接情报,人们也非常注重对重要目标以及战争现场进行直接侦察。当人们还只在地面作战的时候,专门用于观察和掌握战场情报的侦察车就已经出现了。当人类能够上天入地时,军事侦察任务变得更加复杂,侦察机应运而生。

美国的SR-71战略侦察机就是历史上优秀的侦察机代表之一。它的外形奇特,机身与三角形机翼融为一体。由于它全身呈黑色,像一只展翅飞翔的黑色大鸟,所以被人们称为"黑鸟"。自从问世以来,它就在世界各地流窜,进行高空间谍侦察活动。哪里有战事,哪里就出没过它的身影;哪里

发生了重大事件,哪里就能追寻到它的踪迹。它神出鬼没,不请自来,是个空中不速之客。在整个职业生涯中,"黑鸟"每次执行侦察任务都能全身而退,称得上名副其实的"空中谍王"。

"空中谍王"SR-71战略侦察机是美苏冷战时代的产物。20世纪60年代,美国U-2侦察机接二连三地被击落,这让美国当局大为震撼。为此,美国集中了当时先进的研发力量,研制新一代间谍飞机,力图摆脱苏联防空导弹的威胁。SR-71战略侦察机就是在这样的背景下诞生的,并在日后成为美国空军无处不在的"眼睛"。

SR-71战略侦察机有A、B、C三种型号。以A型机为例,它机长32.7米,翼展16.9米,实用升限约为25900米,航程4800千米。SR-71"黑鸟"装备了多种先进的侦察设备,它能轻而易

举地在 24000 米高空进行侦察飞行，平均一小时可侦察的地面面积多达 15 平方千米。

"黑鸟"问世后，它首先在越南战场上一展身手。1966 年 1 月 7 日，"黑鸟"首次执行侦察任务，它飞过越南首都河内，获得了许多重要情报。此后一段时间，尝到了甜头的美军几乎每天都派出"黑鸟"进行军事侦察，企图获得更多军事情报。"黑鸟"既飞往越南北方上空，探测越南北方防空部队部署，也飞往越南南方上空，了解越南南方民族解放阵线游击队的活动。由于它飞得高、速度快，具备大面积搜索能力，所以对于"黑鸟"而言，在高空获取军事情报不过小菜一碟。更为厉害的是，"黑鸟"飞得如此之高，以至于无论是地面防空部队的高射炮，还是中低空飞行的战斗机，都对它无可奈何。空中谍王"黑鸟"获取了越南南北方的大量军事情报，使美国在战争中占据了有利地位。

除了越南战场外，"黑鸟"也曾在世界其他地方进行过高空侦察活动。当苏联进行核爆炸试验、发射战略导弹或是部队进行军事演习之时，"黑鸟"都会不请自来，偷偷地刺探军事情报。苏联恨得牙痒痒，曾多次派"米格"机与防空导弹追杀"黑鸟"，可是由于"黑鸟"飞得高、速度快，几次追杀均未成功。

20世纪80年代，美国与利比亚发生军事冲突。SR-71战略侦察机再次临危受命，飞入利比亚领空，从高空探测利比亚军事情报。1986年3月23日，凭借"黑鸟"得到足量军事情报的美军发动了"草原烈火"军事行动，摧毁了利比亚的导弹阵地。

在SR-71侦察机几十年的间谍生涯中，它曾先后遭到数百枚防空导弹及上千架次战斗机的追杀，但没有一次被击落。如今，"空中谍王"已经退役，结束了它那传奇的"高空谍王"的一生。蓝天中还会出现新的"空中谍王"吗？让我们拭目以待！

"挖眼刀"与"外科手术"

神通广大的雷达有着能探测遥远目标、精确测量距离方位的本领。在现代战争中,它自然成为备受指挥员青睐的"耳目"。雷达不费吹灰之力就能帮助指挥员获取敌方目标动态,为战术决策提供重要依据。因此,摧毁敌方雷达站和通信指挥枢纽就能让敌方庞大的军队陷入"信息瘫痪"状态,是取得战争胜利的保证。而电子战的目的就是蒙蔽、摧毁敌方雷达站,破坏敌方通信指挥枢纽,让敌军成为"瞎子""聋子"和"哑巴"。

现代电子战中有一匹黑马,它就是反辐射导弹。作为电子战中的硬杀伤武器,它直接对敌方雷达辐射源实施物理攻击,常常在电子战中大显身手。

反辐射导弹是利用敌方电子装备的辐射波来确定目标位置的。它进行的是被动式制导。常见的反辐射导弹属于战术导弹,以空地导弹居多。它们具有作用距离远、隐蔽性好、命中精度高等特点，能在敌方防空火力的作用距离之外实施导弹攻击。反辐射导弹是在战场上冲锋陷阵的勇士，主要任务是摧毁敌方雷达系统，为己方战机突防和空战扫清障碍。它们对敌方实施"挖眼"战术，使敌人成为"瞎子"，所以反辐射导弹也被称为"外科手术刀"。

世界上第一枚反辐射导弹是由美国研制出来的，随后，苏联、英国、法国也相继研制成功多种反辐射导弹。美国的"哈姆"导弹、"百舌鸟"导弹，法国的"阿玛诗"导弹等，都是其中的代表。它们都曾在空战中立下汗马功劳。

1982年6月，以色列驻英大使遇刺，以色列以此为借口打击黎巴嫩。以色列空军对驻扎在黎巴嫩东部贝卡谷地的叙利亚军队展开了一场大规模的空袭战。当时，叙利亚在黎巴嫩驻扎有几万军队，还在贝卡谷地部署了"萨姆-6"防空导弹。以色列空军在这次空袭中采用了巧妙的战术。以方首先派出由无人机组成的"敢死队"充当先锋部队。它们在叙利亚导弹阵地上空进行侦察和挑衅，那嚣张的气焰让叙军忍无可忍。于是，叙军打开雷达，紧紧地盯住以色列战机。叙军的"萨姆-6"导弹也伺机开始发射。然而，正如以军预料的那样，在一枚枚导弹击落了一架架无人战机的同时，叙军也因为中计而暴露了自己的雷达阵地。

在这场战争中，除了运用巧妙的战术，以军还构建了强大的情报网络。在叙军阵地暴露后，无人机把截获的无线电信号传送给以军的预警机，预警机再把无线电信号传送给以军的战斗机。不一会儿，以色列空军的F-4战斗机出动了。它沿着叙利亚的"萨姆-6"导弹的制导雷达波束发射"百舌鸟"反辐射导弹，一举摧毁了"萨姆-6"导弹的雷达制导系统。被打瞎眼睛的"萨姆-6"导弹再也无法发挥它的防空作用。此时，以色列的战斗机、轰炸机齐齐上场，抛出导弹、炸弹、火箭弹，对叙军导弹阵地轮番进行攻击。不过短短六分钟，局势就发生了翻天覆地的变化，叙利亚的200多枚"萨姆-6"导弹被摧毁殆尽。

自此以后，反辐射导弹的强大威力引起了世界各国的关注，它的身影开始频繁出现于各场战争中。

1986年4月，美国以打击国际恐怖主义为借口，扬言要对利比亚进行"外科手术"。4月14日至15日，美军派出几十架战机对利比亚进行空袭。来势汹汹的美军一下子发射了几十枚反辐射导弹，利比亚的雷达站受到致命打击，防空系统瘫痪，5个重要军事目标被摧毁。

在 1991 年海湾战争中，以美国为首的多国部队对伊拉克进行空袭。多国部队出动了 2000 多架飞机，其中电子战机有 200 多架。这些电子战机上装备有电子战的主力军——电子干扰机和反辐射导弹。在海湾战争开战的 10 天中，多国部队累计出动电子战机 1000 多架次，发射 600 多枚反辐射导弹，摧毁了 95% 的伊军雷达站。伊拉克的通信指挥系统完全陷入瘫痪状态。而多国部队的飞机则趁机在伊拉克首都巴格达上空毫无顾忌地狂轰滥炸，造成重大的人员伤亡。

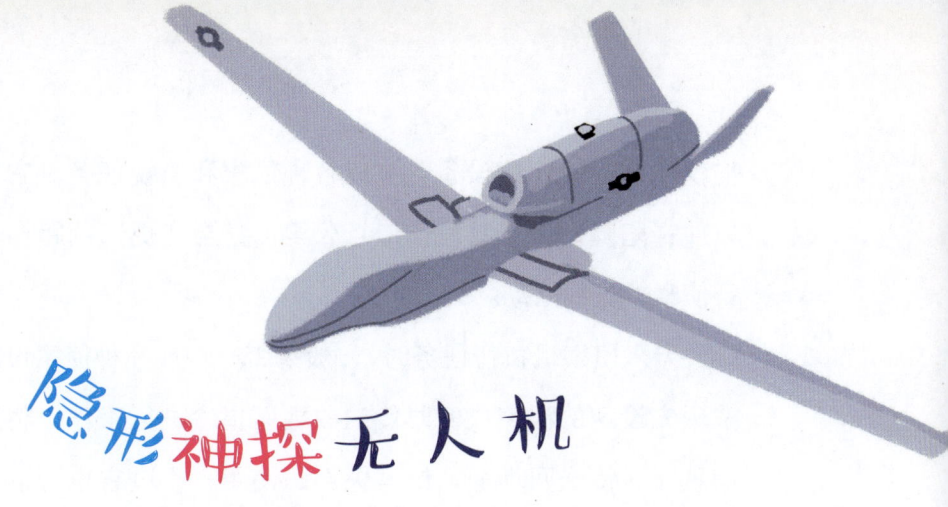

隐形神探无人机

你一定听说过"知己知彼,百战不殆"这句话。它的意思是说,如果你彻底了解了自己与敌人的情况,打起仗来就不会遭遇危险。自从侦察机问世,这位"高空间谍"理所当然地成了各国军队的重要情报来源。然而执行侦察任务意味着闯入敌人的领地,没有谁能确保永远万无一失。不是所有侦察机都像空中谍王"黑鸟"战略侦察机一样,能在每一次危急关头都化险为夷。

自从无人机出现后,无人侦察机成为一个重要的应用方向。相比于人工驾驶的侦察机,它最大的优点是能在执行任务时避免出现人员伤亡或者是被俘的情况。因此,它备受那些推崇零伤亡的国家欢迎。

无人侦察机是一种无人驾驶的专门从空中获取情报的军用飞机,也是最早应用于军事战场的无人机。无人侦察机依靠装在机身上的可见光照相机、标准或微光摄像机、红外扫描仪和雷达等侦察设备，完成各种侦察和监视任务。它们可以冲锋陷阵，深入敌后一二百公里，甚至在更远的距离外进行侦察、监视活动。

无人侦察机执行任务时，一般携带一种或几种侦察设备，按预先设定的程序或实时传送的地面指令进行工作，将所获信息即时传送回地面，供有关部门使用。不过它也可以将获得的所有信息记录下来，待回收后一次取用。

当今世界最先进的无人侦察机是"全球鹰"。它是美国研制的一种高空高速长航时无人侦察机，主要用于军事冲突中大范围的连续侦察与监视。

从外观上看，"全球鹰"无人侦察机形似一只张开双翅翱翔于长空的鹰。以 RQ-4A "全球鹰"无人机为例，它机长 13.5 米，翼展 35.4 米，最大起飞重量约 12 吨，最大平飞速度每小时 648 千米，航程约 22 000 千米，续航时间 35 小时。它可从美国本土起飞，到达全球任意地点，进行连续的侦察与监视，然后返回基地，仿佛来去自如的空中幽灵。机上的高性能电视摄像机的主要工作任务是拍摄目标，红外探测器仪则负责发现伪装目标，分辨出目标是运动的还是静止的。在执行任务的过程中，机上侦察设备一直兢兢业业地工作着，将所获得的目标图像传输回地面站。地面站经过信息处理，

把情报发送给战区或战场指挥中心,为指挥官的决策或战场毁伤评估提供参考依据。

以色列的"搜索者"也是新一代无人侦察机的代表。相比于美国的"全球鹰",它看起来小巧玲珑得多。以"搜索者"I型无人机为例,它机长5.15米,翼展7.22米,最大起飞重量372千克,最长留空时间为14小时,在有中继通信的情况下航程最大可达220千米。"搜索者"机身虽小,却"五脏俱全"。机上装备的光电侦察设备有电视摄像机、前视红外仪、激光目标指示器、激光测距仪等,根据侦察任务内容或执行任务时间的不同,这些侦察设备可以搭配出不同的功能组合。机上还有数据传输设备,可将侦察获得的图像实时传回地面站。

为了提高军事侦察水平,我国也在不断发展无人侦察机技术。起初我国将退役战斗机改装成无人侦察机,后来又自主研制了新型无人侦察机。"翔龙"战略级无人侦察机以及"神雕"双体大型无人侦察机就是其中的杰出代表。"翔龙"有着独特的连翼布局——它的前翼向后掠,后翼向前掠,两者的外侧互相连接起来,形成菱形的机翼布局。这样独特巧妙的构造使得身体轻盈的"翔龙"仍能保持较大的强度,在减小阻力的同时增大升力。"神雕"无人机则是一种双体无人机。双体机身有助于安装更多光电侦察设备,也能减少设备间的

相互干扰。作为我国科研人员智慧的结晶,"翔龙"和"神雕"高性能无人侦察机令全世界瞩目。

随着高新技术的发展和应用,无人机上的设备性能在不断提高,同时装备种类也不断增多,应用范围更是进一步扩大。例如,装备全球定位系统后,无人机可与侦察卫星和有人驾驶侦察机配合使用,形成覆盖高、中、低空的多层次、多方位的立体空中侦察监视网,从而使所获得的情报信息更加准确可靠。美国正在研发新型的超音速隐形无人侦察机,旨在取代20世纪的空中谍王"黑鸟"。据称,这种侦察机的速度将达到音速的6倍。它将成为一个"多面手",成为名副其实的"隐形神探"。

出"洋相"的"夜鹰"

在美苏冷战时期,美军实施了一项名为"黑色武器"的绝密计划。在这项计划中,诞生了后来鼎鼎大名的"暗夜幽灵"——"夜鹰"隐形战斗机。1991年,当它第一次在海湾战争中现身的时候,就连当时最先进的雷达都难以侦测到它的影踪。"夜鹰"那不可思议的隐形本领引发了世人的惊叹。

"夜鹰",也就是F-117A隐形战斗机,在海湾战争中立下了赫赫战功,虽然它出动的架次只占全部作战飞机出动架次的1%,但它却摧毁了伊拉克60%的军事目标。更令人佩服的是,这场战争中没有一架F-117A战机被击落,创造了空战史上的奇迹。

但是,再厉害的战机也会有马失前蹄的时刻。"夜鹰"在对南联盟的空袭中,就出了洋相。1999年3月27日,一架F-117A隐形战斗机在对南联盟首都贝尔格莱德市郊的目标进行空袭时,被南联盟防空部队击落。隐形"夜鹰"折戟贝尔格莱德市郊，其残骸被南联盟送往俄罗斯军事科研部门进行分析研究。

"夜鹰"明明有着举世无双的隐身本领，为什么南联盟的导弹就偏偏能够击落它呢？

这其中既有战术上的原因，也有技术上的原因。

当晚，"夜鹰"和其他的美军战机一起从北约的阿维亚诺机场起飞。由于这群战机大都不是隐形飞机，南联盟的雷达捕捉到了它们所产生的强大电磁波。南联盟当即下令让防空区内的所有防空导弹进入战斗状态。他们还判断出其中两处电磁波信号微弱的地方可能是隐形飞机的所在。当"夜鹰"脱离机群单独执行轰炸地面雷达的任务时，一颗防空导弹从十余千米外的南联盟导弹阵地飞出，朝着它快速飞来并成功命中。

同时，F-117A隐形战斗机的隐形技术也不是完美无瑕的。首先，在飞机飞行过程中，发动机排气以及机翼与空气摩擦会产生热量，辐射出的红外线会被装有红外制导装置的防空导弹探测到，由此导弹可对飞机进行跟踪追击。

其次，当飞机在空中飞行时，飞机尾部喷气中含有水蒸气。一旦尾气中的水蒸气与高空中的冷空气相遇就会冷凝成白色尾迹，容易被敌人发现，从而遭到防空兵力的攻击。

最后，飞机在晴空中飞行时，在蓝天的衬托下，易被肉眼和光学观察器材探测到。而且，飞机下方空气中的微尘会把光散射到机身底部。飞机飞得越高，上部的空气越稀薄，微尘相应地越少，与机身相比，天空的背景光会更显暗淡。这种亮度差会使飞机显得更加闪亮耀眼，从而更容易被发现。

隐形飞机对雷达的隐形是相对的。隐形飞机飞行时，发动机的红外辐射、噪音只是相对一般飞机而言减少了许多，而非完全没有。先进的现代探测工具仍能发现隐形飞机的踪迹。同时，F-117A隐形机的速度与空战能力比性能先进的战斗机要差。这样一来，一旦被对方的飞机或防空导弹盯住，F-117A隐形战斗机就很难脱身了。

据俄罗斯国防部时任部长介绍，F-117A隐形战斗机是被俄制的"萨姆"防空导弹"盯"上并最终被击落的。隐身"夜鹰"由此现了原形，出了"洋相"。

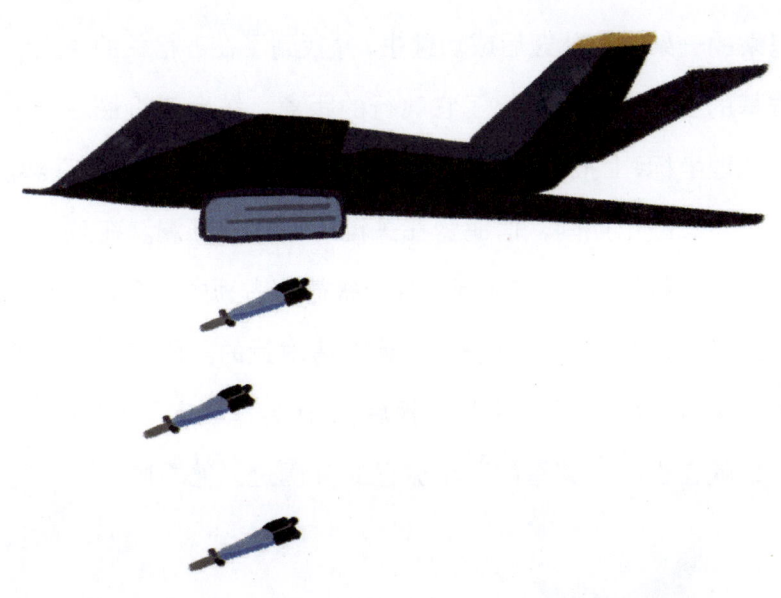

另一只眼看军鸽

鸽子一直都是人们心目中的和平信使。早在汉代，出使西域的张骞就不断放飞信鸽，向朝廷报告西行情况，从而与中原保持着联系。可以说，张骞出使西域的成功，也有鸽子的一份功劳。

在军队中服役的信鸽被称为军鸽。"二战"期间，军鸽曾大显身手。第一只获得战争勋章的鸽子名叫维基。它曾在搭乘的一架飞机坠毁后成功逃生，并找到了在苏格兰的主人。维基的主人大致估算出了它飞行的距离，结合飞机最后留下的地理坐标，上报给相关部门，使得坠机的机组成员成功获救。

"二战"期间，信鸽曾在关键时刻力挽狂澜。在意大利战场上，英军第56步兵师为夺取被德军占领的一个基地而战斗，可是却久攻不下。于是，英军请附近的美国空军进行空中支援。在收到英军的求援电报后，美国空军确定了轰炸时间，可是就在这时，英军的一个旅已经突围进入德军阵地，一时间敌我难分。英军指挥部准备发电报告诉美国空军取消空中支援的计划,决定放弃轰炸德军基地。可不巧的是,英军的电台却在这时被敌军的炮火摧毁了。就在这个万分危急的紧要关头,一名英国通信兵放飞了一只美国信鸽。这只信鸽带着56师师长签署命令的信件,径直飞向美国空军基地。收到信件的美军及时解除了马上就要执行的轰炸命令,从而避免了一次自相残杀。战后,这只鸽子被授予了荣誉奖章,死后还被制成标本陈列在英国皇家军事博物馆里,颈上挂着当年的那枚奖章。

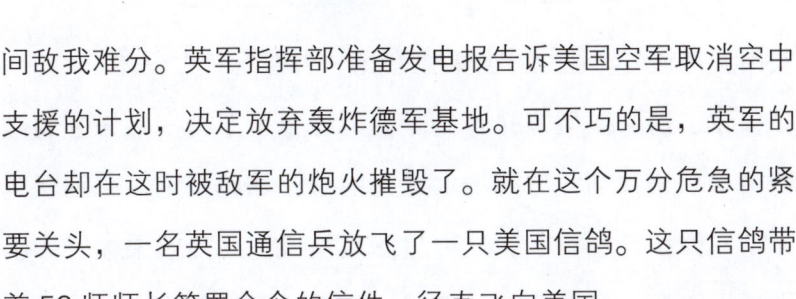

随着通信技术的发展,如今世界各国的军鸽基本都退役了,瑞士是世界上唯一仍保留军鸽服役传统的国家,其军队中共有4万羽鸽子。

你可能会疑惑,在当今时代背景下,军队已经不需要军鸽执行通信任务了,为什么仍要保留军鸽呢?

原来,瑞士军鸽不再执行单一的通信任务,它们被训练去完成特殊的使命——带着轻便的爆炸装置,飞向敌方阵地或敌人控制区执行轰炸任务。就这样,瑞士军鸽成了"微型轰炸机"。当这些鸽子落在敌方的输电线路、通信线路或雷达天线上时,爆炸装置会自动脱落而吸附在线路上。鸽子飞离后,爆炸装置起爆,从而破坏敌人的输电、通信或雷达的正常工作。要是军鸽没完成任务带"弹"返回,控制中心会发出无线信号，阻止爆炸装置脱落，并给它锁上保险。

除了携带微型炸弹外，以色列还利用军鸽携带先进的微型照相机，飞到敌方阵地上进行拍摄。如此一来，军鸽就成为了"微型侦察机"。这种超低空拍摄的照片效果很好。由于是近距离、多角度的"特写"拍摄，军鸽获得的相片要比人造卫星、无人侦察机等携带的照相设备得到相片的分辨率高出数倍甚至几十倍。因此，照片上的信息也更容易判读。此外，这种"微型侦察机"具备更大的优势，它们不易被敌方发觉，即便敌人发觉也难以拦截。

由此看来，军鸽在未来战场上还会有更多大显身手的机会呢！

长"眼睛"的炸弹

一般来说,航空炸弹在被投掷出去后,以飞机速度为初速,沿一条抛物线弹道自由降落。而航空制导炸弹却不遵循这一规律。它的弹体内装有制导装置,能根据自己偏离目标的程度自动修正弹道,自行寻找并跟踪目标,所以说,航空制导导弹是一种长"眼睛"的炸弹。

炸弹并不是一个活着的生命体,它是怎么长"眼睛"的?这得从它的构造说起。

航空制导炸弹由弹体、弹翼、制导装置组成。弹体内装着烈性炸药,炸药一旦由引信引爆,巨大的爆炸力就能用来杀伤目标。炸弹引信分为很多种,既有机械式触发引信,也有利用声波、电磁波、红外辐射等引爆的非触发引信。弹翼用来保持飞行稳定,多半装在尾部,也有装在弹体中部的。制导装置装在炸弹前端的导引头内,用于控制炸弹飞行。

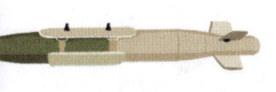

因此，炸弹看起来就像是长了"眼睛"，能修正弹道，导向目标。

航空制导炸弹种类很多，根据制导方式不同，主要有以下几种：无线电制导炸弹、电视制导炸弹、激光制导炸弹、红外制导炸弹和卫星定位制导炸弹。

无线电制导炸弹是最早出现的航空制导炸弹。它是一种滑翔炸弹，有比较大的弹翼，能利用无线电波进行导引。它的弹体前端装着无线电导引头。当它离开飞机后，无线电导引头开始工作，利用无线电波自动捕获、跟踪目标。无线电制导炸弹的缺点是无线电波易受电子干扰，从而影响导引头对目标的判断，进而影响投弹精度。

电视制导炸弹的导引头则是一个电视寻的系统。当飞机进入预定目标区域投下电视制导炸弹后，炸弹导引头锁定目标，电视寻的系统便能自动跟踪目标，连续侦测炸弹是否偏离预定弹道，发出控制信号，纠正炸弹飞行过程中出现的误差，直至命中目标。这种制导炸弹的缺点是对能见度的要求高。所以，它只能在白天工作，无法在黑夜或云雾天大显身手。

激光制导炸弹是一种半自动寻的制导炸弹。它的导引头

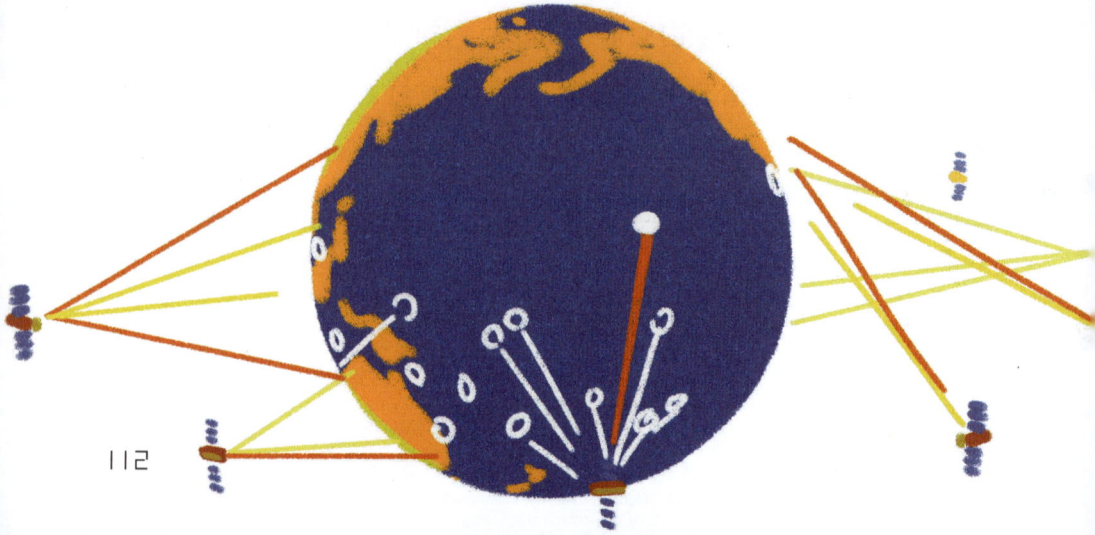

上装有激光制导装置。飞机在投弹前，先锁定目标，再投下激光制导炸弹。在这个过程中，装在战机上的激光照射器始终照射着目标，炸弹导引头上的激光制导装置根据接收到的目标信息进行制导，然后自动跟踪目标。激光制导炸弹的优点是抗干扰能力强，不受电子干扰。不过这种炸弹在命中目标前，机载激光器不得不全程照射目标。因此，飞机可能在较长时间内暴露在对方防空火力之下，易遭拦截。美军在越南战争中就开始使用激光制导炸弹，后来在海湾战争中也大量使用，用于轰炸伊拉克境内的桥梁、通信设施和其他军事目标。北约在对南联盟的空袭中，也大肆使用激光制导炸弹，给南斯拉夫人民造成了重大损失。

红外制导炸弹是一种利用红外辐射来制导的航空炸弹。它的导引头内装着被动式红外自动寻的制导系统，利用目标的红外辐射特性自动跟踪和攻击目标。由于目标的红外辐射不论昼夜都存在，因此，红外制导炸弹昼夜均可使用。美国有一种灵巧的红外制导炸弹，这种炸弹构造独特，在一个大炸弹中有几个小炸弹。这些小炸弹利用红外导引，追杀行进中的坦克。红外制导炸弹也有缺点：一是易受气候条件和烟尘状况的影响；二是导引设备结构复杂，红外传感元件使用条件严格；三是易受红外诱饵弹及红外干扰烟幕的干扰，影响战斗效用。

卫星定位制导炸弹是美军新研制成的航空制导炸弹，它是利用惯性制导装置和全球定位系统来控制炸弹的。利用位于高空覆盖全球的卫星导航系统，它可以随时测出炸弹相对于目标的方位。当炸弹被投掷后，弹体内的计算机根据测得的炸弹相对于目标的方位，计算出炸弹的弹道，控制炸弹弹翼，引导炸弹投向目标。卫星定位制导炸弹不仅精确度高，能自行导向目标，还抗干扰，不受气象条件影响。飞行员投掷炸弹后即可撤离战区，不必担心是否命中目标。所以这种炸弹又被称为"可放心炸弹"。美国已把卫星定位制导炸弹装在 B-52、B-1、B-2 等型号的轰炸机上，并在伊拉克战争中投入实战应用。

气球炸弹的威力

1942年秋天，日本气象学家荒川秀俊应日本海军之邀，赴南洋（今东南亚地区）日军部队访问。然而意外的是，他乘坐的飞机在飞行途中受到美军战机的袭击。为了报复美军，这位气象学家想出了一个别出心裁的主意：制造气球炸弹来轰炸美国！

气球炸弹是人们闻所未闻的事物，它该以何种方式来轰炸美国呢？

荒川秀俊通过气象观察发现，日本上方的高空中有一股向西流动的强气流。如果能利用高空的偏西风，就能把携带燃烧弹的气球送到美国本土，让燃烧弹爆炸，进而在美国本土引起大火。

荒川秀俊向日本军方提出了用气球炸弹轰炸美国本土的建议。一开始，日本军方对这一建议付之一笑，不予理睬。到了"二战"后期，日本节节战败，垂死挣扎中，有人想起了气球炸弹。

就这样,气球炸弹成了日本法西斯的救命稻草。日本陆军和海军开始联合研究气球炸弹,最终日本陆军完成了气球炸弹的形状、大小及定时装置的构造等细节设计。日本气象学家估计,气球炸弹从日本本土升空后,借助高空中向西流动的强气流,3天后就可飘到美国本土,然后定时装置打开,使燃烧弹在美国本土上炸开,引起大火。

于是,日本动用了大量人力、物力来制造气球炸弹,甚至连在校学生也被动员起来参与其中。大量的气球炸弹被制造出来并成功地升上天空。从1944年11月到1945年4月,日本共制成并放飞了9000多个气球炸弹。

然而,气球炸弹的实际作用并未达到日本军方的预期。

当气球炸弹升空后，它们随风飘荡，大多数都偏离了预定航线，未能按设想的那样到达美国海岸，绝大多数在太平洋上空就坠毁了。据估计，约有1000个气球炸弹飘到了美国本土，并在预定时间炸开。然而这些气球炸弹没有全都飘到城市上空，它们大多在美国西海岸处的森林上空炸开。随着燃烧弹爆炸，熊熊大火在森林中蔓延开来。

起初，美国并不知道接二连三发生的森林大火是由气球炸弹引起的。后来，美国气象学家经过调查和观测，才发现了气球炸弹的秘密。

虽然气球炸弹的效果不理想，没能挽救日本法西斯遭遇覆灭的命运，不过气球炸弹作为一种气象武器，却也得到了一次实战演练。

电磁脉冲可以作为武器吗

一架飞机在空中盘旋,它没有向下俯冲,而是径直投下了一枚炸弹。与寻常炸弹不同的是,这颗炸弹没有着地,它在半空中爆炸了。这次爆炸没有产生人们预想中的巨大的冲击波,也没有耀眼的火光,似乎对地面也没有产生任何杀伤作用。但事实上,这种新型武器——电磁脉冲武器试验成功了。

看不见摸不着的电磁脉冲可以成为一种新武器吗?它的杀伤力又表现在哪里呢?

电磁脉冲对电气和电子设备的破坏作用是偶然被发现的。20世纪60年代,美国进行了一次空中核武器试验。试验中,在距爆心1400千米处的建筑物里的防盗报警器集体失控,无故发出警报;避雷装置也像是遭到了"雷击"而损坏。后来经过调查,人们才知道这是由核爆炸产生的瞬时电磁脉冲所造成的。这个

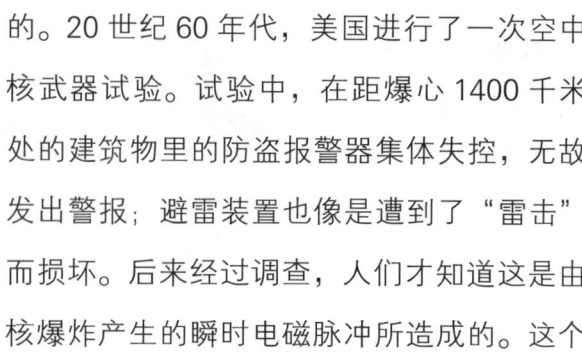

偶然发现启发了武器专家,他们想:借助电磁脉冲的破坏力,是否可以研制出电磁脉冲武器,对付敌方的电子设备呢?

很快,在武器专家的努力下,电磁脉冲武器问世了。按照产生电磁脉冲的原理与方法的不同,电磁脉冲武器分为两类:一类是利用核爆炸装置产生电磁脉冲,另一类是利用普通炸药爆炸装置产生电磁脉冲。

利用核爆炸装置产生电磁脉冲的是核电磁脉冲弹。它实际上是一种特殊核弹,利用核爆炸能量加强电磁脉冲效应。它在距地面300千米以上的高空爆炸,产生具有很强穿透本领的伽马射线。伽马射线作用于空气分子,使爆心周围聚集大量正离子形成强电磁场。电磁场高速向外辐射就会产生强电磁脉冲,对电气和电子设备造成严重破坏。

利用普通炸药爆炸装置产生电磁脉冲的是电磁脉冲弹。利用普通炸药爆炸产生的高温高压气体,通过压缩磁通量产生高频脉冲,向四周辐射,产生破坏作用。

电磁脉冲弹爆炸产生强烈的电磁脉冲,它是一种瞬变电磁场,比雷电的电磁场强度还要大上几百倍。它

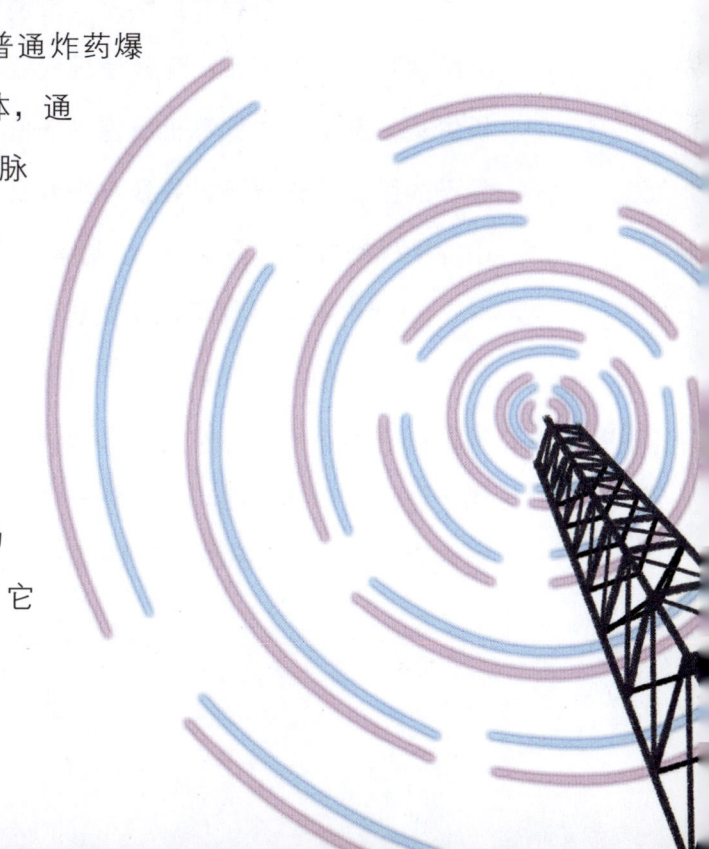

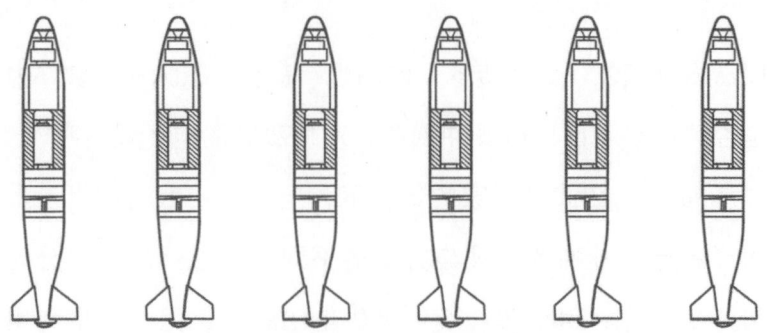

持续时间极短，能够影响到各个频率范围的电磁波。高强度的电磁脉冲会让军事设施中的电气和电子设备瞬间产生强大电流，使电子元器件过载，引发剧烈的热效应，造成线路烧断的后果。以二极管为例，一个早期的真空电子二极管在短时间内发热1焦耳就会被烧坏，而一个现代的硅晶体二极管在同样情况下只要发热1/100焦耳就会被烧坏。

电磁脉冲弹威力极大。它爆炸产生的电磁脉冲能对雷达产生强烈干扰，烧毁雷达线路，或使雷达探测到假信号。电磁脉冲这一无形杀手，还能使现代武器及指挥系统中的计算机失灵，甚至抹去计算机所储存的信息，改变计算机系统中预设的固定工作程序，导致程序紊乱，武器操纵失灵，甚至引发精确制导武器不能制导、导弹失控的局面。

虽然电磁脉冲弹可以使武器装备瞬间失效或失控，但它只破坏电气和电子设备，不会对建筑物、人员或机械设备产生直接的杀伤作用。所以，电磁脉冲弹是一种非致命武器，属于现代软杀伤武器。电磁脉冲弹特别适合于袭击敌方军事指挥部、军事通信系统以及情报部门。

天空中的雷场

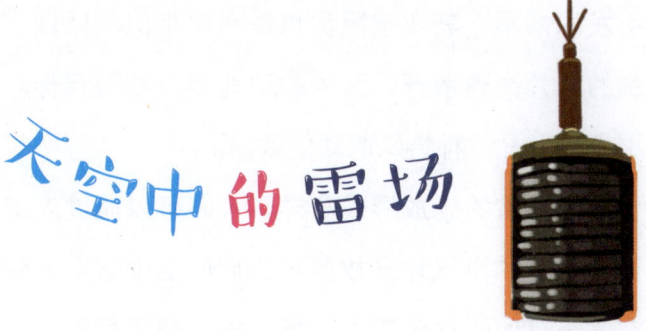

雷场可以存在于多种多样的环境中。用地雷布设的地面雷场,用于对付敌方的坦克、火炮、士兵等地面目标;一望无垠的海洋中也有用水雷布设的水中雷场,用来对付敌方的战斗舰艇和运输船队等水中目标。

如果说地面物体能给地雷打掩护,水体能给水雷提供容身之所,那么空空如也的天空中也可以布设雷场吗?

天空中的确也可以布设雷场。空中雷场用于对付敌方空中目标,包括飞机、直升机和空降兵,甚至导弹等。能够被用来布设空中雷场的是空飘雷,又称"高空地雷"。人们通常在敌机或导弹来袭的方向或必经航路上预设集群式空飘雷来阻击敌方。

空飘雷的结构十分简单。它的雷体内装有近炸引信,采取全向爆破方式爆炸。空飘雷一般由氢气球吊在空中,雷体与氢气球系在一起,在空中形成一个奇特的空中雷场。你或许听过不少飞鸟撞击飞机引发的惨案,其实空飘雷也是利用相似的原理。雷体爆炸产生的碎片高速散开,巨大的动能足以摧毁目标。所以,空飘雷本质上是一种特殊的动能武器。

空飘雷的施放形式多样。人们可以通过人工操作将携带有空飘雷的氦气球升放蓝天,形成空中雷场。敌方飞机和航空器一旦闯入这个空中雷场,撞上空飘雷就会引发爆炸。空中雷场还可通过有线或无线电远距离遥控起爆。

此外,空飘雷也可以用车载布雷器、飞机布雷器等进行施放,还可以用高炮、火箭等多种发射设备发射上天,迅速地在空中形成一个大面积的雷场。

美国的低空防空悬浮弹就是一种具有代表性的空飘雷武器系统。重量仅几十克的防空悬浮弹可用高炮、火箭等多种发射设备发射。发射后,防空悬浮弹在空中形成奇特的雷场,用于低空防卫,对付闯入防卫区的敌方飞行器。

空飘雷在空中形成的奇特雷场,对空中飞行的飞机、直升机有着很大威胁。空中飞行器一旦撞上氦气球,激发雷体

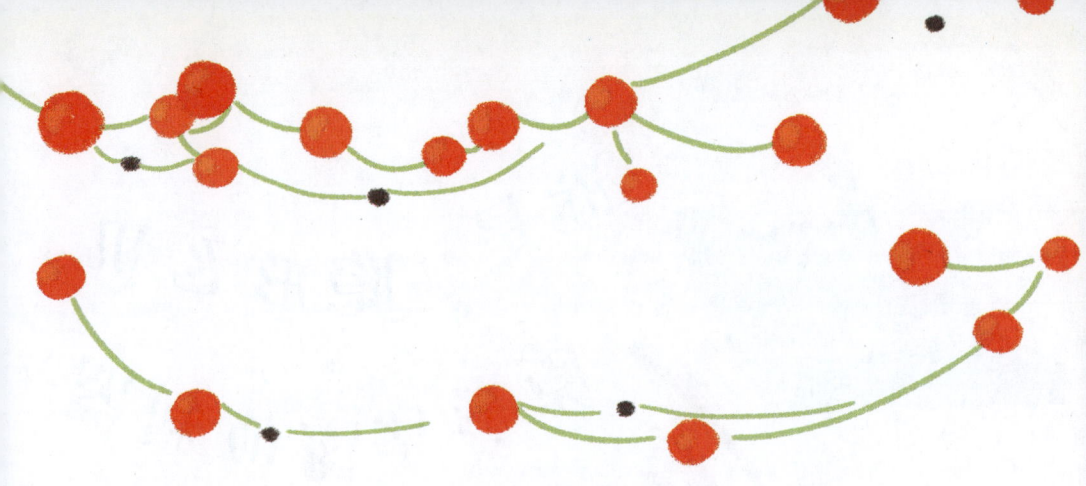

上的无线电近炸引信工作，雷体就会在瞬间爆炸，一方面可以炸毁机体，另一方面爆炸产生的大量细小碎片极易被吸入飞机进气道，导致发动机罢工，最终导致飞机坠毁。

除了空飘雷，跳雷与定向雷也能在空中布雷，只是它们是在瞬间布设空中雷场的。

跳雷是一种子母雷，它通常被布设于地面，引爆后向空中抛射母雷。当母雷升到离地面一定高度时，它便自动解体，从母雷中抛射出几十枚子雷。每一枚子雷中都装有高能炸药和大量钢珠。子雷炸开后，无数钢珠四处飞散，这些钢珠具有很大的动能，能杀伤空中目标。所以，跳雷可以在瞬间布设空中雷场。

定向雷是另一种能布设空中雷场的现代武器，它是直升机的克星。它虽然布设于地面，但能定向爆炸，散射出大量碎片，对空中目标具有强大的杀伤力。

跳雷、定向雷、空飘雷……这些特殊的动能武器以对空作战新武器的面目呈现在世人面前。它们有的已装备某些国家的战斗部队，有的尚处于研制与试验阶段。不久的将来，它们将成为立体战争中的一员。

谁是让隐形飞机原形毕露的利器

一架"夜鹰"F-117A隐形飞机只身飞入了塞尔维亚的防空识别区。像往常一样，它无所顾忌，即便身处敌方的地盘也毫不隐藏自己。而它确实有这么做的底气。因为它有着高超的隐身技艺，从理论上来说，对方的雷达发现不了它，对方的防空武器也无法袭击它。它有着自己的骄傲，曾经在1991年的海湾战争中立下赫赫战功，把伊拉克的雷达骗得团团转。

然而这一回，情况变了样。塞尔维亚防空部队的雷达不但发现了"夜鹰"F-117A隐形飞机，还快速确定了隐形飞机的高度和速度，使它原形毕露，并毫不迟疑地朝它发射了一枚防空导弹，将它击毁了！

这件事听起来简直不可思议！不可一世的F-117A怎么会在雷达面前现出原形呢？

原来，隐形战机的"障眼法"并不是对所有雷达都能起作用的。美国隐形战斗机在设计时主要规避的是厘米波和分米波防空雷达的探测，也就是避开了波长在10到100毫米之间的电磁波。而美军万万没想到的是，塞尔维亚防空部队装备的俄罗斯反隐形雷达非同寻常，它的工作波段并不在"夜鹰"F-117A的隐身波段范围内。这是一种数字甚高频（VHF）雷达。在它追踪到"夜鹰"的踪影后，塞尔维亚的防空部队发射了一枚老式"萨姆-3"型地对空导弹，击落了这架"夜鹰"F-117A隐形战斗机。

隐形战机独霸天空的历史就这样被反隐形雷达终结了。

战机的隐形技术在不断发展，反隐形雷达技术也在飞速进步。俄罗斯反隐形技术的水平处于世界前列。他们对甚高频雷达和相关防空导弹系统进行数字化升级，使其成为探测美军隐形战斗机的重要手段。时至今日，俄方的甚高频波段三坐标雷达能够跟踪90多千米以外的隐形飞机，而其中的高精度角雷达甚至可跟踪截获飞行中的中段制导舰对空导弹的

信息。

如今，美国在亚太地区部署了大量隐形战斗机。如果在相同区域部署这种新型甚高频雷达，形成拦截隐形战斗机的防空探测网，那么美国的隐形战斗机可能就难以独霸天空！

事实上，俄罗斯反隐形雷达与美军隐形战机已经数度交手。曾有媒体报道说，俄罗斯远东防空雷达部队装备了反隐形雷达，俄罗斯远程轰炸机曾与美军F-22战斗机有过近距离接触。当然，这其中的内情至今没有披露，俄方反隐形雷达对美军F-22战斗机的探测效果至今仍是个谜。

除了俄罗斯的数字甚高频雷达外，美国等西方国家也在积极发展反隐形雷达，至今已经诞生多种反隐形雷达。美国的"沉默哨兵"无源雷达系统就是其中一员。它能在不被敌方察觉的情况下，准确探测出隐形战机的方位，是目前世界上最先进的反隐形雷达。

不可否认的是，隐形战机独霸天空的时代已经一去不复返！

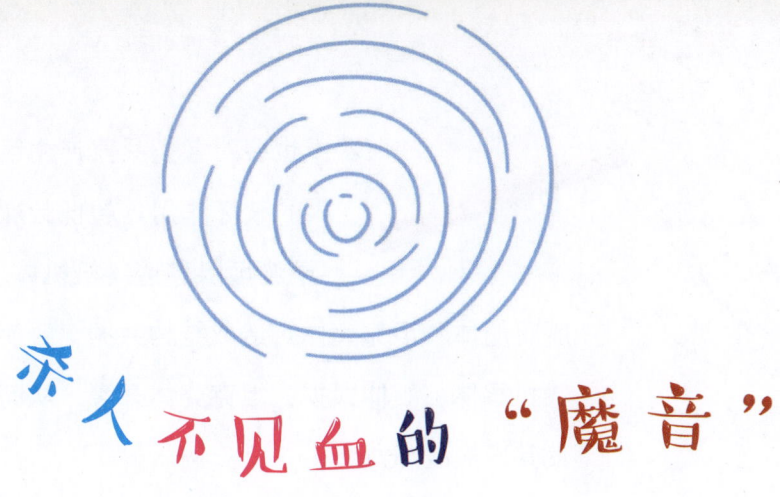

杀人不见血的"魔音"

在航海史上,海上风暴过后船员离奇死亡的谜案层出不穷。你一定难以想象,这些谜案的幕后黑手竟然与自然界中的一种声音——次声相关!

次声是一种振动频率极低的声波。通常人耳听到的声音频率范围在 20—20 000 赫兹之间,低于 20 赫兹的声波便是次声。次声与我们能听到的自然界声音不同。次声波的波长更长,它在空气中传播时,能量消耗极少。所以,次声波传播的距离比一般的声波、光波、无线电波要远。它不仅可以穿透空气、水、土壤,也可以穿透普通建筑物、防御工事,还可穿透飞机、坦克、潜艇。

次声会对人体造成伤害。次声作用于人体时,会引起固有频率与其频率相近的人体器官发生共振,从而引起头晕、恶心、耳鸣、胃痛、心动过速等症状。次声还可以破坏人的中枢神经,严重损害脑功能,甚至让人因血管破裂而死亡。

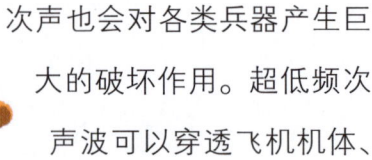

次声也会对各类兵器产生巨大的破坏作用。超低频次声波可以穿透飞机机体、舰艇船体、坦克壳体，造成结构共振，致使飞机解体、舰体毁损、坦克壳体开裂，从而使其丧失战斗力。

正是由于次声具有对人员的杀伤作用与对武器装备的破坏作用，人们考虑将次声应用到武器中。从理论上来说，利用次声的武器隐蔽性强，它发出的次声传播速度快、传播距离远、穿透力强，武器专家开始加紧研制这一新概念武器。

处于设想与研制阶段的次声武器种类很多，根据技术原理大致可以分为两类：一类是将次声战斗部应用于炸弹、炮弹或导弹上，利用战斗部爆炸所释放的能量形成冲击波，冲击波衰减后产生次声波，对目标起到软杀伤作用；另一类是利用大功率次声发生器，定向地向攻击目标发射次声波，击毁敌人的飞机、坦克、舰船，破坏敌方的技术装备。

而次声发生器也有不同种类。根据构造和工作原理的不同，次声发生器可分为管式和扬声器式两类。前者像乐器中的笛子，当

管内空气柱的振动频率与管子的固有频率相同时，就可产生较强的次声波；后者像扬声器，所采用的特殊膜片在振动时可产生一定频率的次声波。

除了研制次声武器外，有的军事专家还研制次声探测设备，来帮助军队掌握敌方动态。次声探测设备灵敏度高的特点，能探测火箭、导弹发射及核爆炸产生的次声波，从而起到预警、监视的作用。

然而，次声武器的研发仍然存在许多技术难题，如次声波定向传播困难、难以聚焦成束，高强度次声难以产生等，所以目前它尚处于研制阶段，离实际应用还有相当大的距离。

假目标是怎样迷惑来袭导弹的

蔚蓝色的海面上，一枚导弹贴着海面径直向军舰飞来。在这千钧一发之际，军舰舷侧的一个发射装置启动，发射了一个神秘物体。来袭导弹瞬间改变方向，向神秘物体飞去……军舰一瞬间转危为安。

究竟是什么东西，使军舰转危为安了呢？

原来，军舰上的发射装置发射了一种导弹假目标。它是一种电子干扰物，是电子战中常用的一种武器，专门用来迷惑敌方的导弹，让导弹错认它为攻击目标，从而起到"调虎离山"的作用。

所谓电子干扰物，是指能产生或引起电磁干扰的物体，通常分为有源干扰物和无源干扰物两类，每类又有多种不同的形式。电子干扰物是应用最广、资格最老的电子战武器。

纵观战争史，电子战武器的元老非金属箔条莫属。自20世纪30年代末起，英、美、德、日等国分别独立开展了使用金属箔条干扰雷达的相关研究。但是，最先大规模使用金属箔条进行电子战的却是英美联军。在第二次世界大战中，英美联军大量使用金属箔条来反射德军雷达发出的电磁波，使其看不清目标。1943年7月25日，英美联军空袭德国汉堡，所使用的金属箔条竟多达250万盒，每盒2000根。当数十亿根金属箔条从战机上倾泻而下时，它们在空中飘舞飞扬着，反射电磁波，迷惑德军雷达，使其作出错误判断。在金属箔条的影响下，德军雷达把来袭的几百架英、美轰炸机错看成几千架，致使德军防空部队盲目射击，浪费了大量弹药。而英、美轰炸机却将炸弹准确地投掷在汉堡港口与市中心。

　　在这以后，金属箔条在朝鲜战争、越南战争、中东战争和海湾战争中都发挥过重要作用。直到现在，电子干扰物元老——金属箔条仍然是现代电子战的重要成员。

　　在现代战争中，电子干扰物金属箔条正向着多型化、有

源化、自动化、一体化的方向发展。具体来说，金属箔条种类呈多型化发展趋势，如有谐波产生箔条、充气箔条、再入大气层箔条……它们的电子干扰效果更好。金属箔条有源化是指金属箔条不但要能长时间在空中停留，还要能主动向外辐射电磁波，从而对敌方雷达进行主动的电子干扰。金属箔条投掷的自动化是指可以根据电子战的需要，自动切割并投掷金属箔条，使其长度与敌方雷达波长相适应，从而提升干扰效果。金属箔条一体化是指发挥电磁干扰的整体效能，使金属箔条与红外曳光弹、电子干扰弹等一起投放，并使它具有防电磁脉冲袭击的功能。

　　除了电子干扰物，迷惑来袭导弹的另一方法是发射导弹假目标，使来袭导弹分不清真假，找不到要攻击的目标。导弹假目标能远距离扰乱敌人的雷达探测，为己方军队提供远程防御；在近距离范围内，导弹假目标又能迷惑导弹的探测、跟踪系统，使导弹无法追踪到要攻击的真正目标。

　　导弹假目标是迷惑导弹的法宝。它不仅可以通过飞机、舰艇、地面上的发射装置发射，还可以通过火箭、火炮、导弹发射，发射后在空中炸开而形成散布式的假目标实体。

导弹假目标系统有两种类型：一种是电磁式弹头，另一种是红外式弹头。电磁式弹头装有金属线、金属带、金属片或者金属化合物微粒，呈垂直薄圆盘形状。当弹头在空中炸开后，一片片均匀的金属箔条纷纷扬扬地飘散在空中，将敌方的雷达波反射回去，从而干扰使用雷达制导的敌方导弹。

红外式弹头是一颗曳光照明弹，内装近100颗小曳光弹。曳光弹中的曳光剂燃烧后成为巨大而明亮的目标，产生强烈的红外辐射。红外式弹头带有降落伞，可以一面降落，一面曳光，制造出一个与所需保护的目标相同的红外辐射源，从而干扰红外制导导弹。

除了导弹假目标外，舰艇、飞机以及地面上装备的电子干扰设备也可用来迷惑来袭的导弹。电子干扰设备由接收机和干扰机组成。接收机用来搜索控制导弹的电波信号，而干扰机用来发射干扰信号，从而干扰使用雷达制导的敌方导弹。

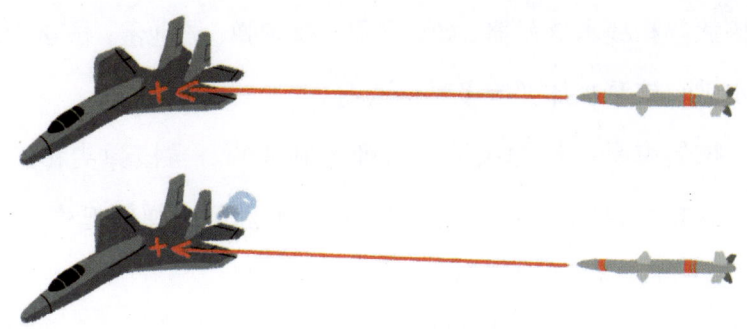

插上了翅膀的核弹

自从第一颗原子弹在美国试爆成功以后，核武器迅速发展，一个庞大的核武器家族由此诞生。随着时代发展，这个大家族的后辈拥有了许多不同于祖辈的特性。首先，核爆炸方式发生了变化，除了高空爆炸外，低空爆炸、地下爆炸和水下爆炸等方式也日渐变得寻常。其次，除了用作航空炸弹，由飞机投掷外，核弹也可与其他武器结合成为威力巨大的战略核武器和战术核武器，如核导弹、核炮弹、核地雷、核鱼雷、核水雷、核深水炸弹等多种核武器。

核导弹是由核弹头装在导弹上制成的。当核弹头和远程导弹相结合的时候，威力强大的战略洲际导弹便诞生了。美国的"大力神Ⅳ"和苏联的"SS-24"便是这类洲际导弹的典型代表，前者携带一枚1000万吨TNT当量的核弹头，后者携带10枚35万吨TNT当量的分导核弹头。

战略洲际导弹的核弹头是一枚威力巨大的氢弹，它由覆盖着防热层的壳体、复杂的核装置以及可靠的引爆装置组成。为了增加洲际导弹的射程及隐蔽性，核导弹的发展趋于小型化和轻量化。当然，更为重要的是提高核导弹的精度。这样一来，只需少量爆炸威力就能精确击毁目标。当核导弹精度提高，人们对爆炸威力的需求可降至几十万吨甚至几万吨TNT当量时，多弹头核导弹便出现了。从某种意义上说，多弹头核导弹就像是有着"三头六臂"的哪吒，一次可同时攻击多个目标。此外，每个小弹头都带有各自的高精度制导系统，大大提高了命中率，即便是用来对付空中高速飞行的弹道导弹也游刃有余。作为一种进攻性战略武器，洲际核导弹正向着小型化、隐形化发展，面对空中的电子干扰、雷达网的监视及反弹道导弹的攻击时，做到进可攻，退可守。

核弹头制成的核炮弹可通过远程火炮发射，从而大大提高了火炮的战斗威力。在1991年海湾战争、1994年波黑战争以及1999年科索沃战争中，美军使用了贫铀弹。贫铀弹可由火炮发射，用于对付坦克等装甲目标。贫铀是指铀235含量比天然铀更低的铀，用它制成的炮弹穿透性强，破坏力大。贫铀受摩擦或撞击后，会燃烧产生气溶胶，释放出大量能量并引爆附近的弹药、燃料。虽然贫铀弹不

会发生核爆炸，但是贫铀这种物质依然会产生核辐射，破坏人类生态环境。

此外，核弹头也可应用于地雷、鱼雷、水雷、深水炸弹，制成核地雷、核鱼雷、核水雷、核深水炸弹。它们都是战术核武器大家族的成员，属于小当量核武器这一分支。小当量核武器是一种爆炸威力相对较小的战术核武器，利用重元素铀或钚的原子核发生裂变反应释放的原子核能来攻击战术目标，起到杀伤破坏作用。小当量核武器种类繁多，有核炸弹、核炮弹、核导弹、核地雷、核水雷、核深水炸弹等。美国曾经研制了两万多件小当量核武器。

如今，世界上拥有核武器数量最多的当属美国和俄罗斯。虽然两国在签订的《削减和限制进攻性战略武器条约》中，对各自部署的核弹头数量作出了限制，但现实情况与美国前总统奥巴马在核峰会上提出的"无核世界"的愿景仍然相去甚远。事实上，核武器数量还很庞大，美俄两国所部署的战略核导弹还有千余枚之多。此外，条约并没有限制战术核武器的发展。无核世界的实现依然困难重重。

异闻中的奥秘

中子弹"干净"吗

人们把核武器称为"肮脏的武器"。核武器爆炸产生的光辐射、冲击波、早期核辐射、核电磁脉冲和放射性污染,有着巨大的破坏作用。特别是其放射性污染会长期危害人类,使人们不得安宁。于是,有人提出要研制一种"干净核武器"。

中子弹又称增强辐射弹,是一种战术核武器。它主要以高能中子辐射来起杀伤作用,实际上是一种超小型氢弹。中子弹这种超小型氢弹的构造与普通氢弹不同。它的弹体上部是一个微型原子弹,即引爆装置,其中心是一个钚球,下部是装有氘、氚混合物的储氚器,储氚器周围是聚苯乙烯,中子弹弹体外层是铍反射层。

当中子弹的引爆装置,即微型原子弹被引爆时,其中部的钚球因受到巨大压力,达到超临界状态而起爆,爆炸后产生大量伽马射线、X射线和超高压气体。中子弹下部储氚器周围的聚苯乙烯在吸收伽马射线、X射线之后,变成高能等离子体。这时,储氚器里的氘、氚混合物受到高温高压作用,发生聚变反应,释放出大量高能中子。其弹体外层的铍作为反射层,会把中子反射回去,使它们充分发挥作用。而高能中子在射到铍反射层时,一旦打中了铍核,就又会产生新的中子。这样一来,中子弹爆炸能产生大量的高能中子辐射,核辐射威力大大增强,而中子弹的体积则可大大缩小。

一颗中子弹的核辐射大约是普通原子弹的 10—20 倍,而它爆炸产生的光辐射、冲击波和放射性污染物,却只有普通原子弹的 1/10。正因为它污染范围小,所以才被称为"干净核武器"。从爆炸机理及其杀伤作用来看,中子弹在爆炸的过程中,既发生了重核的裂变反应,也发生了轻核的聚变反应,它也会产生核辐射、光辐射、冲击波和放射性污染,只是杀伤力和污染范围小了一点,而它爆炸产生的高能中子对人员的杀伤作用却大大增强了。由此可见,中子弹并不"干净"!

对于中子弹这种并不"干净"的核武器,人们可千万不能掉以轻心!

"虎口拔牙" 特种兵

自从直升机问世以来，它就凭借起降方便、灵活机动的特点而深受各国军队欢迎。早期的直升机只有运输功能，缺乏战斗能力。为此，人们开始在直升机上装备武器以适应新的军事需要。到后来，人们研制出专门的武装直升机，用来执行更为多元化的军事任务。

武装直升机是特种兵的坐骑，美国海军陆战队是最早装备武装直升机的军队。1985年，美国海军创建了"海上驼鹿"中队。作为美国海军陆战队中的一支特种作战部队，装备CH-46武装直升机的"海上驼鹿"中队既可以进行海上特种战，也可执行海上搜索、救护、扫雷、反潜等多种战斗任务。

自成立以来，"海上驼鹿"中队参加了不少军事行动，这其中就包括伊拉克战争。2003年3月21日，伊拉克战争刚打响时，一架运载英、美特种兵的CH-46直升机就在科威特与伊拉克的边境交界处附近坠毁，成为伊拉克战争中蒙难的第一架美军战机。虽然出师不利,但在伊拉克战争中,作为特种兵坐骑的武装直升机有过多次不俗的表现,其中最为出色的表现是一次被称为"虎口拔牙"的军事行动。

那是伊拉克战争打响不久之时,美国女兵林奇被伊军俘获,成为被伊军俘获的第一名女俘虏。根据线人的密报,美军得知受伤的林奇被关在伊军控制的纳西里伊耶城一家医院中。为解救林奇,美军特种部队发动了一场军事行动,代号"虎口拔牙"。

4月1日夜晚,搭载了美军特种兵的UH-60"黑鹰"武装直升机,在夜幕下超低空飞行,悄悄扑向纳西里耶城。与此同时,美军为迷惑伊军,佯装要攻打纳西里耶城,引开伊军的注意力。午夜,"黑鹰"武装直升机突然从天而降,停靠在城内医院的草坪上,特种兵飞身扑出机舱,迅速找到了林奇,成功地将她送回美军基地,完成了"虎口拔牙"军事行动的预定目标。

在这场行动中,特种兵所搭乘的"黑鹰"是美国武装直升机中的典型代表。UH-60"黑鹰"直升机全长19.8米,机高5.1米,最大起飞质量超过10吨,极限速度361千米/时,航程近600千米。该型直升机的前部为驾驶舱和机

舱，机舱内可装载11名士兵。机上有一个吊挂系统，既可挂载货物，也可挂载反坦克弹、火箭弹、布雷舱、电子战吊舱和其他外挂武器，其头部还装有一挺机枪，可用于自卫。

由于UH-60"黑鹰"直升机轻便灵活、机动性好，能进行全天候飞行，军队可以用它来执行军事运输和火力支援任务，也可用来执行电子对抗、布雷、救护等任务。因此，它特别适合于特种部队搭载突击队员，进行特种作战、营救人质、救助伤员、突然袭击等行动。

自从"黑鹰"武装直升机装备美军特种兵部队后，多次特种作战中都有"黑鹰"的矫健身影，其中最著名的要数格林纳达特种战。格林纳达是一个位于加勒比海东部的岛国。当它在1983年10月发生军事政变的时候，美国出于自身利益的考量，迅速出面干预。美军特种兵部队搭乘"黑鹰"武装直升机，空降到格林纳达岛国，开展特种机动战，对政变军队的军营进行突袭，直至完全控制了格林纳达岛国。"黑鹰"直升机参与了格林纳达特种战的全过程，立下了赫赫战功。

神秘的纳米武器

纳米材料刚出现时,就被独具慧眼的军事科研人员看中。由于纳米材料有着奇特的性能,人们认为它可以应用在军事上,从而制造出新的武器。军事专家认为,用纳米技术和纳米材料制造的超微型化武器系统,将赋予未来战场上的士兵非凡的本领。目前,人们已经开始应用纳米技术和其他高科技,来制造各种微型纳米武器。

那么,未来战场上的纳米武器究竟会是一副什么模样呢?

蓝天上的纳米飞行器是用纳米技术和纳米材料制造的飞行器,本质上是会飞的纳米机器人,包括纳米飞机和纳米导弹等。你能想象一架微型无人机从手心缓缓升起的场景吗?受益于技术的发展,在最近几年这已经变成了现实。

现在,一些国家的科研单位正在研发新一代昆虫大小的纳米无人机,美国国防科研单位就是其中一

员。他们研制出一种被称为扑翼飞机的无人机,实际上运用了昆虫翅膀的原理。美国科技人员一直都想制造出鸟类大小的微型无人机来侦察大规模杀伤性武器,还想在2030年之前,制造出昆虫大小的微型无人机来侦察大规模杀伤武器。

纳米武器不仅能上天,也能入海。

海洋里的纳米潜艇是用纳米材料和纳米技术制造的潜艇。由于纳米材料具有奇特的性能,它被用来制造潜艇的蒙皮,使潜艇披上一层"聪明表皮"。这种潜艇的蒙皮可以灵敏地"感

觉"到水流、水温、水压等环境物理量极细微的变化,并及时反馈给中央计算机,使潜艇最大限度地降低噪音、节约能源。它还能根据水波的变化提前察觉来袭的鱼雷、导弹,使潜艇及时规避这些危险,大大提高潜艇的隐蔽性。纳米潜艇可以隐蔽地接近目标,伺机进行集群式的鱼雷攻击。如此一来,敌方水面舰船防不胜防,往往难逃覆没的下场。

而纳米鱼雷是指用纳米材料和纳米技术制造的鱼雷。别看它雷体只有炮弹一般大小,但威力却是一般鱼雷的几倍,速度更是超过现役鱼雷的五倍之多。它还具有相当厉害的隐身和突防功能,连远距离进攻都不在话下,而且不易被敌方的声呐等水声探测设备所发现。

除了天空和海洋,纳米武器

自然也会在陆地上大展身手。

陆地战场上的纳米机器人是利用纳米材料和纳米技术制造的军用机器人。它具有非凡的能力，除了搜集情报、执行侦察任务外，也可以投入战斗，例如携带炸药执行战场攻击任务，或者携带致命化学药品进行秘密战。有军事专家设想了一种被称为"蚂蚁雄兵"的纳米机器人，它比蚂蚁还小，却具有惊人的破坏力。由于体型上的先天优势，它们可以轻而易举地通过各种途径钻进敌方武器装备中，安营扎寨，长期潜伏下来。一旦战事爆发，通过控制装置启用的"纳米士兵"就会各司其职，各显神通。它们之中有的专门负责破坏敌方电子设备，使其短路而烧毁；有的充当爆破手，用特种炸药引爆目标；还有的施放各种化学制剂，使敌方武器金属变脆、油料凝结或使敌方人员神经麻痹、失去战斗力。

在不久的将来，形形色色的微型纳米武器的出现和应用，将对现代战争产生深远的影响。它们不仅改写了武器发展的历程，还改变了战争的模式，使武器世界和军事领域发生翻天覆地的变化。

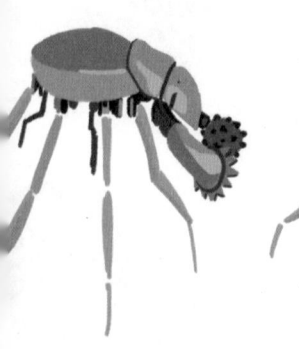

新一代核武器登上战争舞台

在当今世界,核武器对于一个主权国家而言意义非凡。美国不准朝鲜、伊朗、叙利亚等国家发展核武器,自己却在拥有大规模杀伤性核武器的情况下,仍孜孜不倦地研制新一代核武器。

美国正在研制的新一代核武器有智能小核弹、钻地核炸弹、伽马射线弹、质子炸弹等。

智能小核弹是一种小当量核武器。美国研制的一种智能小核弹是由潜射导弹战斗部改装而成的。这种核炸弹装有智能系统,能钻入地下18米深的目标中心处,引爆核弹头,爆炸产生的强烈冲击波能摧毁地下的军事设施和重要目标。它能达到3米以内的命中精度,能摧毁地下300米深处的坚固目标。与其他核武器相比,智能小核弹威力较小,但它爆炸时仍会产生大面积的放射性污染,污染环境。

与智能小核弹类似,钻地核炸弹也是一种小当量核武器。

自从"9·11"事件发生后,美国着手研制这种新型小当量核武器。钻地核炸弹弹长3.7米,弹重500千克,能穿透7米厚的钢筋混凝土或40米厚的土层,摧毁地下目标,实施"外科手术式"打击。不过,美国仍不满足于现有成果,还在研制威力更强的"增强钻地核炸弹"。

正在研制的新一代核武器中,有一种介于核武器与常规武器之间的所谓准核武器,也被称为第四代核武器。作为一种新概念核武器,它们正处在设想和试验阶段,主要包括以下几类:

伽马射线炸弹,是通过让某些放射性元素在极短时间内衰变,将释放出的大量伽马射线照射到敌方目标上,使其自爆。伽马射线炸弹爆炸不会形成大量的放射性尘埃,但其杀伤力要比常规炸弹强千倍。伽马射线炸弹可作为太空武器,用来

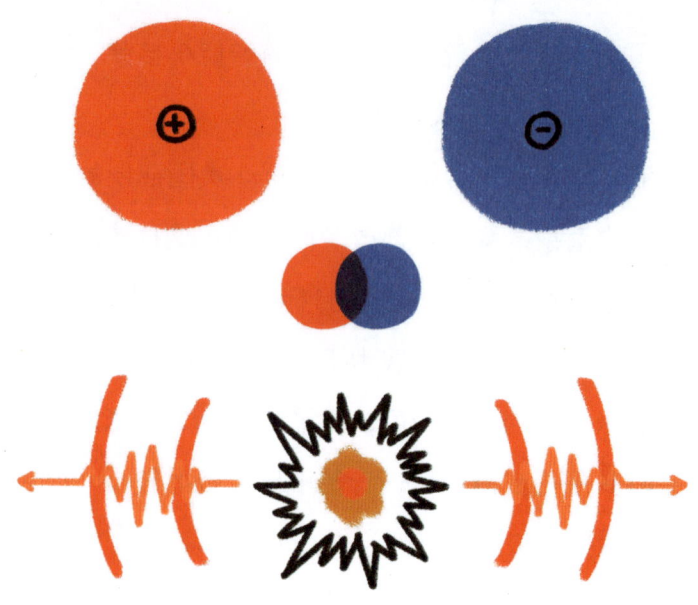

对付在太空中穿行的飞行器，如军用卫星。

质子炸弹是美国空军实验室正在秘密研制的一种新概念核武器。它能利用极少量物质与反物质相互作用，释放巨大核能，毁灭敌方目标，所以它又被称为反物质炸弹。由于质子炸弹爆炸没有核污染，所以人们也称它为"干净的核武器"。

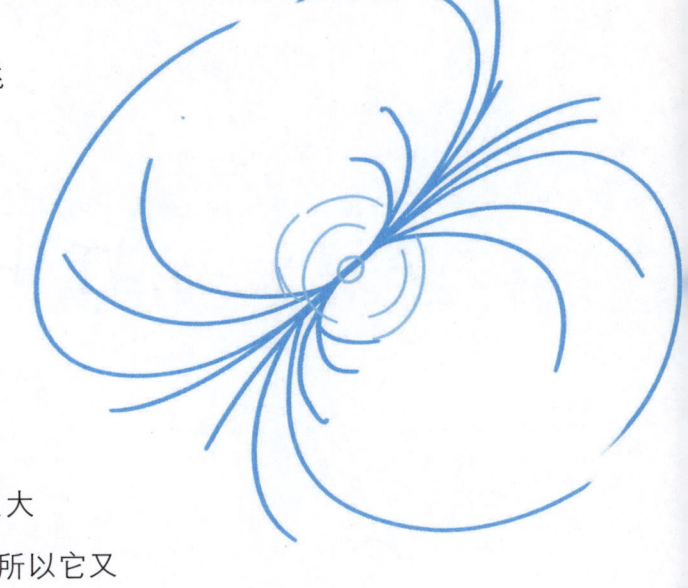

核武器具有毁灭性的杀伤力，因而成为恐怖组织青睐的目标武器。美国特工人员曾在阿富汗的一处简陋小屋里，发现基地组织正在研制"脏弹"的证据。所谓"脏弹"，实际上是一种简易核炮弹，其炮弹弹体内装有强放射性粉末。这些放射性粉末由核反应堆产生的废料碾磨而成。"脏弹"可以制成炮弹，也可制成炸弹。它爆炸后不会产生强大的冲击波、光辐射，而是向四周辐射人眼看不见的射线，造成大面积放射性污染，会对人体产生持久的伤害。虽然基地组织已经被摧毁了，本·拉登也早已不在人世，但基地组织的残余分子还在活动，"脏弹"的阴影还笼罩在人们心头，核恐怖袭击的威胁依然存在。

导弹是怎样打中卫星的

2008年2月15日，美国官员通报了一项关于摧毁故障间谍卫星的计划，引起了世人的关注。2月21日，美国五角大楼宣布，美方发射的导弹已经摧毁了失控的间谍卫星，卫星碎片将散落在大西洋以及太平洋海域。一时间，美军用导弹打落卫星的事件成了当时国际上的热门话题。

卫星离地面如此遥远，导弹是怎样打中卫星的呢？

我们不妨先来看看美国的导弹防御系统。美国有三种导弹防御系统，它们分别是陆基中程导弹防御系统、舰基"宙斯盾"战区导弹防御系统以及机载激光反导弹系统。另外，美国还在研发具有反卫星能力的天基导弹防御系统。

打中卫星的导弹是由美国舰基"宙斯盾"战区导弹防御系统发射的。美国海军从其位于太平洋北部海域的巡洋舰"埃里湖"号上，发射了一枚"标准Ⅲ型"导弹，命中了在太平洋上空200多千米处的一颗美国失控间谍卫星。

然而，这看似并不费力的卫星打击行动，其实耗费了美军的大量心血。为了完成用导弹拦截失控卫星的任务，美国共改造了三枚"标准Ⅲ型"舰对空导弹。这三枚不携带弹头的导弹，都可以通过"迎面撞击"的方式摧毁太空中的失效卫星。同时，军事专家也对这些导弹的红外引导系统进行了相应的改造，以适应拦截"不发热"的卫星目标这一需要。在美军的拦截任务取得成功后，剩下的两枚导弹被"改回原形"，继续充当美军"弹道导弹终结者"的角色。

令人奇怪的是，美军为什么要大费周章地用导弹打卫星？据美国自己宣称，这颗代号为"美国193号"的失控卫星是颗间谍卫星。它重达两吨多，和一辆小型公共汽车一般大小。2006年12月，这颗刚刚发射升空的间谍卫星就"报废"了，因此，卫星上携带的数百千克的整箱燃料原封未动。一旦任由卫星自由坠落，燃料箱必定不能被完全烧毁，大量残余有毒燃料将抛洒在约两个足球场大小的地面上，给现场附近人员的身体健康造成严重威胁。因此，为了防止卫星携带的有毒燃料污染环境，美国决定击落这颗"毒星"。

但是，也有一些专家觉得没有杞人忧天的必要。他们认为，即便这颗"毒星"自行坠落,它携带的有毒燃料的泼洒面积也将远远小于2003年美国"哥伦比亚"号航天飞机爆炸解体后残骸的泼洒面积,不会对人类造成很大的不利影响。因此,美国"导弹打卫星"这一举动的真实目的引起了各方广泛质疑。外界普遍认为,美国其实是打着"环保"的幌子测试其反卫星武器摧毁军用卫星的能力,使美军的国家导弹防御系统更完善。同时,另一种观点也广为流传,这颗失控卫星上安装有先进设备,一旦坠落到美国的"竞争对手"的领土上,可能会对美国的国家安全构成威胁。为此,美军才决定将其彻底摧毁。

粒子束武器——被寄予厚望的战场新杀手

1978年，美国的一颗早期预警卫星从苏联中亚地区上空经过时，测得该地区存在大量核辐射。几天后，一架美国气象侦察机在飞经阿留申群岛时，也测得该地区存在大量核辐射。他们认为，这些核辐射都来自苏联中亚地区。

在那个特殊的历史时期，这两件事引起了美国军事专家的高度关注。美方的预警卫星和气象侦察机所测得的大量核辐射表明，苏联中亚地区曾经爆炸过核武器。但是，美国情报部门提供的资料却显示，苏联中亚地区未曾进行过任何核武器试验，也没有爆炸过任何类型的核装置。

那么，当时苏联中亚地区上空大量的核辐射是从哪里来的呢？

经过众多军事专家的研究与分析，这个核辐射之谜终于解开了。原来，苏联军事部门曾在中亚地区进行高新技术武器——粒子束武器的研制，试验产生了大量的核辐射。

为什么粒子束武器会产生核辐射呢？这得从粒子束说起。粒子束是指原子分裂产生的电子、质子、中子、重离子等基本粒子经过加速形成的粒子流。粒子束武器是利用粒子束能量摧毁敌方目标的武器，是一种新型的定向能武器。它所产生的高能射束沿一定方向传播，直接射击目标。由于粒子束武器的能量被约束在了很小的立体角内，所以，人们又将它称为束能武器。

从构造上来说，粒子束武器是由粒子产生源、粒子加速器、电源、探测瞄准及指挥通信设备所组成的。粒子产生源用于产生电子、质子、中子、重离子等基本粒子。这些粒子经过粒子加速器加速，形成高能粒子束，以极高的速度发射出去。探测瞄准及指挥通信设备是用来瞄准目标、指挥战斗的。

作为一种定向能武器，粒子束武器具有以下特点：一是战斗威力大，粒子束以接近光速的速度行进，精度达到了可

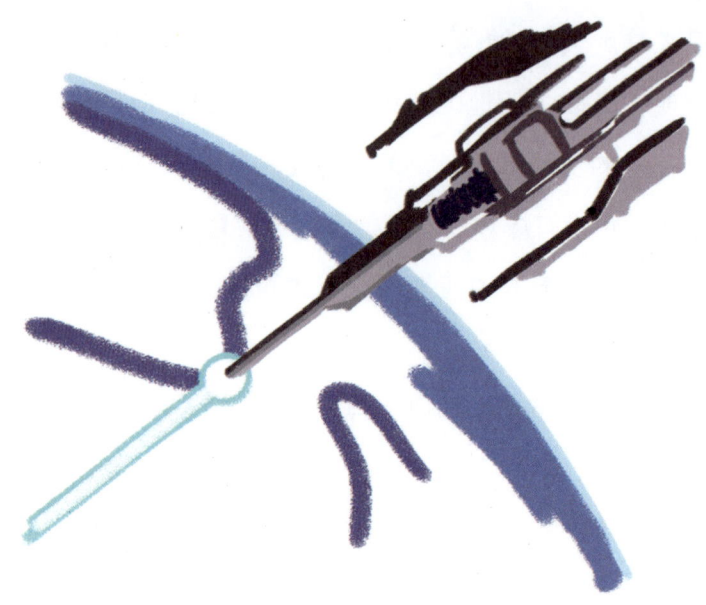

以百发百中的地步;
二是同时具备软、
硬杀伤能力,既能
利用热效应和韧致
辐射杀伤、破坏目
标,起到硬杀伤作用,
又能穿透目标周围的大
气,产生一连串二次粒子,
在目标内部产生小的局部定向电磁脉冲,使电子元器件失灵,从而起到软杀伤作用;三是发射频率高,转换速度快,能通过快速地改变发射方向同时对付多个目标;四是不使用弹药,利用电力作能源,具备长期作战能力。此外,它不受天气条件的限制,也不会被电子干扰信号、红外诱饵所欺骗。

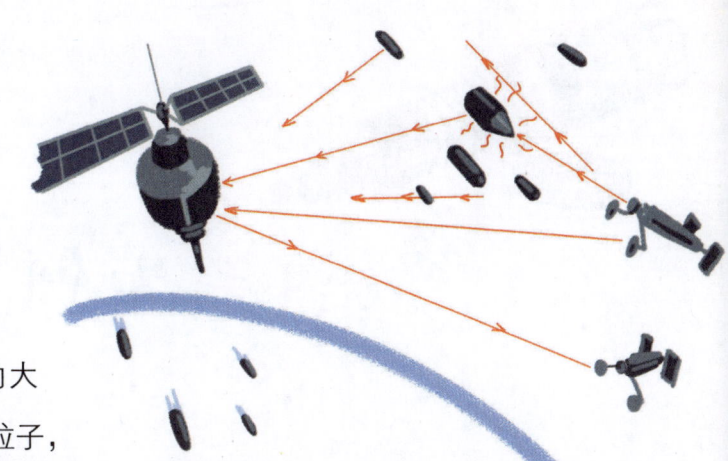

由于粒子束武器具有上述特点,它尤其适合对付空中飞行目标。一旦技术成熟,对付导弹袭击游刃有余的粒子束武器,将成为军队防空装备的不二选择。但是,现阶段的粒子束武器存在一些技术难题:一是粒子束行进不稳定,受环境影响大;二是设备体积庞大,耗能巨大。

随着高科技的发展,粒子束武器的技术难题有望得到解决。到那时,地面、海洋、天空都将是粒子束武器的战斗舞台。在未来战争中,粒子束武器将大显身手。

激光武器为何能致盲

1982年,英国与阿根廷两国间爆发了马岛战争。战争中发生了一件令人费解的怪事:一次,当阿根廷空军战机对英国海军舰艇进行袭击时,两架阿根廷战斗机突然直冲大海,还有一架战斗机则"无所畏惧"地飞向己方的火力密集区,被己方火力击落。阿根廷空军指挥人员目瞪口呆,不知道这种出人意料的情况究竟是怎么回事。

直到几年后,谜底才被揭开。原来,当年3架行为古怪的阿根廷战机被装备于英国舰船上的激光武器击中,造成机上的飞行员失明,从而发生了机毁人亡的惨剧。

激光武器是利用激光能量

作战的武器,它发射的激光辐射强度高,聚焦能力强。也就是说,它的能量在时间、空间上高度集中,所以具有强大的杀伤、破坏作用。

激光武器有许多独特的优点。激光武器发射的炮弹是光弹,即激光束,它以约每秒 30 万千米的光速前进,比世界上任何其他武器发射的枪弹、炮弹、导弹都要快得多。激光束从发射到击中目标只需一瞬间,可以实现瞬时摧毁目标的惊人效果。利用激光武器射击高速运动的目标不需要预留提前量,也不必考虑航迹,因此,它当之无愧地成为攻击高速运动目标的有效武器。由于激光的方向性好,激光武器可以瞄向哪里,便打到哪里。

激光武器发射的炮弹——光弹质量为零。所以,激光武器射击时没有反作用力。它能够安装在高速运动的载体上,向任何方向发射都不会产生后坐力,也不会影响命中率。这就是说,激光武器不但能安装在飞机、舰艇、车辆上,也能安装在空间卫星上。高能激光武器可以是大型的,也可以是小型的;它可以是远程的,也可以是近程的。

激光武器能量巨大,所以激光使人失明也不足为奇了。激光之

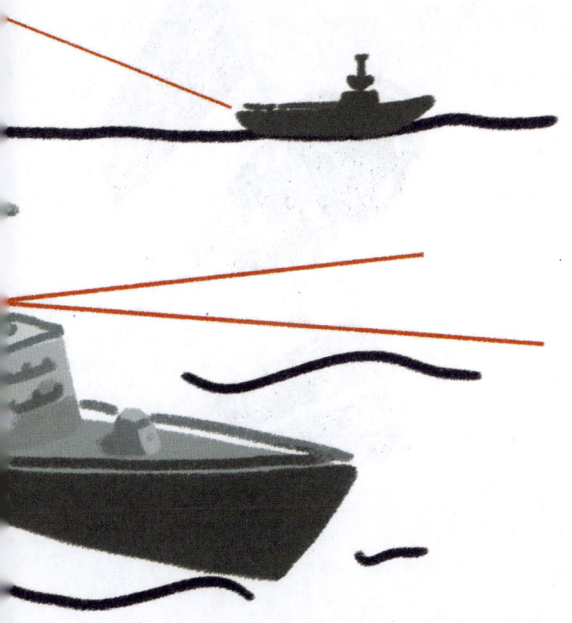

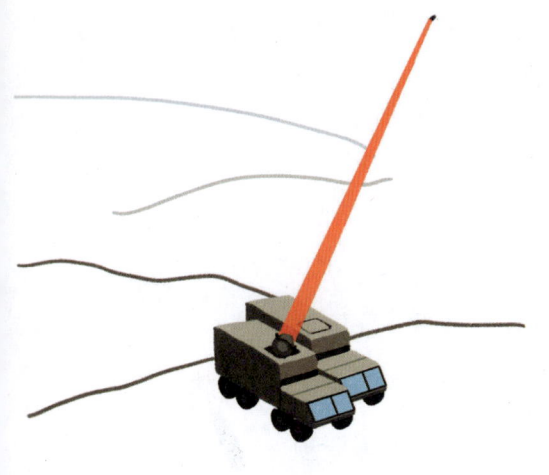

所以能使人失明,是由于人眼是对激光最敏感、也最容易受激光辐射伤害的人体器官。当人眼长时间直视太阳时,太阳光也会灼伤眼睛。激光束具有巨大的能量,所以会对人眼造成更大的伤害。视网膜损伤到达一定程度时,眼睛就会失明。同样,激光束也会对光学装置造成危害,使传感器失去固有的功能。激光可使光学观测装置的玻璃窗口发生"龟裂",破坏玻璃结构,降低透明度,使其"失明";激光还可使导弹、制导炸弹上的光电传感部件失去效用,使导弹、制导炸弹自行坠毁;激光还能使以光电器件为引信的弹药无法引爆,使弹药成为废物。

激光致盲武器的攻击对象是人眼、光学观测仪器和光电装置,所以它的输出功率要求不大,武器具有体积小、重量轻、射速快、变换方向迅速等特点。从经济上讲,激光致盲武器还是一种消耗少的武器。目前,各国军事部门纷纷投入到激光致盲武器的研制中。

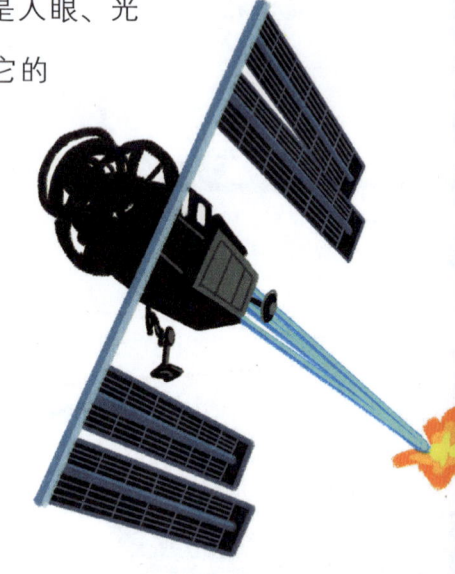

走上战场的机器人

军用机器人是应用在军事领域的智能机器人。虽然历史不长，但也经历了三个不同的发展阶段，形成了一个人丁兴旺、三世同堂的军用机器人家族。

第一代军用机器人是在军工厂里孜孜不倦地工作的工业机器人。它们被安置在生产流水线上，按照固定程序，任劳任怨地做着几个简单动作。第二代军用机器人出现在20世纪60年代中期。长了"脑袋"的它们不仅在外表上与上一代军用机器人不同，还具有了一定的智能。根据用途和工作场所的不同，第二代军用机器人可以分为"航天机器人""海洋机器人""危险环境工作机器人""无人驾驶侦察机"等。第二代军用机器人在职业生涯中有过许多可圈可点的事迹，其中最令研发者得意的一件事，莫过于美国海军成功应用军用机器人"科沃"打捞起了一枚失落的氢弹。这件事轰动了全世界，也将军用机器人带入了世人的视野。20世纪70年代，当第二代军用机器人的丰功伟绩仍在街谈巷议中口口相传之时,第三代智能机器人诞生了。它们的"大脑"变得更加发达了,甚至还有了近似于人的智慧。以各种传感器为神经网络的第三代智能机器人不仅四肢协调,"智商"也大大提高,能从事较复杂的脑力劳动,能夜以继日地工作而不知疲倦,而且个个都拥有"刀枪不入"的金刚不坏之身。

从作战场所来分,军用机器人主要分为四类:水下军用机器人、地面军用机器人、空中军用机器人和空间军用机器人。它们已经出现在阿富汗和伊拉克战场上,发展前景令人刮目相看。

美国的"剑"机器人士兵是伊拉克战场上军用机器人代表。"剑"由机器人士兵"魔爪"改进而来。它能充当战场侦察兵,曾经在阿富汗侦察过敌情;它也是个排弹、扫雷的好手,曾经在波斯尼亚成功排除过手榴弹、在美军扫雷部队里服役过;它还曾临危受命,承担起战场救护的紧急任务,在世贸大楼的废墟中救人于危险之中。

机器人士兵特别适合做战场侦察工作。美国陆军机器人士兵"腐烂"就是一个尽忠职守的战场侦察员。它简小精悍,经久耐用,形状犹如一辆坦克,却只有20千克重。由无线电控制的"腐烂"机器人本领高超。它防震、防水,能够爬楼梯、翻筋斗,即使从2楼高处摔下也不会"负伤"。更重要的是,"腐烂"机器人不会"战死",在探测山洞或可疑建筑物时,即使遭到枪炮攻击也不会"死亡"。所以,它是执行战场侦察任务的不二人选。

你可能难以想象,一些军用机器人还拥有其他令人叫绝的特异功能。有一种被称为"赫耳墨斯"的军用机器人身上安装有两个照相机,不仅能爬进漆黑洞穴里进行侦察,还能把它看见的景物拍摄下来,向外发送图片;有一种被称为"背包"的军用机器人则能在巷战环境中捕捉、分辨敌方人员的细微动静;有一种被称为"嗅弹"的军用机器人能灵敏地嗅出伪装起来的爆炸物,是当仁不让的防爆小能手;还有些半自动机器人士兵能够使用步枪、机关枪、手榴弹与火箭发射器,命中目标的精确性超过人类士兵。

然而,战场上使用无生命无情感的机器人士兵也有不利的一面。当军用机器人成为战争工具时,我们难以保证它们不滥杀无辜。甚至某一天,它们很可能会做出突破人类伦理、道德底线的事。机器人无法理解和辨别人类的情感,无法识别眼前的人是敌是友,也无法为自己的行为负责。

这已经不是人类第一次表露出对机器人的担忧。早在20世纪中期,科幻作家阿西莫夫就曾提出了"机器人三定律",其中的第一定律便是"机器人不得伤害人"。军用机器人如何大规模参战,这其中的伦理问题又如何解决,值得军事专家们认真研究。

电脑病毒武器是怎样发威的

在互联网时代，病毒是一个司空见惯的词。电脑病毒在互联网上到处肆虐，破坏文件、删除程序……它们是互联网用户最常见也最头痛的问题。但你知道吗？病毒武器中的病毒，与人们在互联网上遇到的病毒完全是两码事。

普通电脑病毒一旦施放出去，其传染范围有多广，破坏效果有多大，流行时间有多长，病毒制造者及施放者心里多半没数。而病毒武器中的病毒则大不相同，它是一种可控病毒，是在普通病毒的基础上发展演变而来的。它有着明确的目标，那就是攻击敌对国家的计算机和网络，既不能波及其他无关国家，更不应影响到本国。

病毒武器拥有智能，就像导弹那种精确制导武器一样，具有精确的目标定位和识别能力。虽然它需要借助于其他计算机和网络进行传播,但却只破坏特定范围内的计算机和网络。它也能遥控控制,一旦战事结束或战斗目标达成就可以自毁。病毒武器作为一种超级隐形武器,隐蔽性极强,它可以采用加壳处理、多态变形、映像劫持等多种伪装欺骗技术,具有极强的反侦察、反破解能力。另外,病毒武器的使用成本很低,可以长期潜伏在敌营,一旦需要时就引爆。它是一颗威力巨大的"定时炸弹"。

作为网络战主力军,病毒武器不仅可以攻击互联互通的开放网络,还可以通过多种途径攻击与外界物理隔离的封闭网络。战场网络和军事指挥系统网络一旦遭受病毒武器攻击,若无有效措施应对,网络智能终端就会被"一网打尽",造成作战体系瘫痪,指挥失灵,战斗力急剧下降,甚至不战而败。在海湾战争中,病毒武器就曾有过这样精彩的表现。

1991年1月17日凌晨,以美国为首的多国部队向伊拉克发动了代号为"沙漠风暴行动"的大规模空袭,拉开了海湾战争的帷幕。从美国的军舰上,从沙特阿拉伯的陆地上,数以百计的飞机和巡航导弹径直飞向伊拉克军事目标,给其

以致命的打击。瞬时,巴格达火光冲天,各种爆炸声不绝于耳。令人奇怪的是,号称"第四军事强国"的伊拉克,明明有着强大的防空系统,也有随时待命的飞机、大炮和导弹保卫首都和重要目标,却没有

进行有效的抵抗。

其中的原因是什么?谜底很快揭开。原来,战争爆发前,以美国为首的多国部队所做的第一件事,就是利用病毒武器摧毁伊拉克的信息指挥系统。伊拉克军事部门曾从法国市场购买了一批新型打印机,连接在防空系统的新型电脑上。美国情报部门得知这一消息后,派出特工,把一套携带病毒的同类芯片偷偷地换装到这批电脑打印机里。之后,美国还故意为伊拉克提供方便,使得这批新型打印机顺利地运到了巴格达。

不出所料,这批被动过手脚的新型打印机连接到了伊拉克防空系统的新型电脑上,病毒就这样侵入了伊拉克军事指挥中心的主机。当多国部队发动"沙漠风暴行动"空袭伊拉克时,美军用无线遥控装置激活了隐藏的病毒。病毒武器发挥作用,使得伊拉克的防空系统立刻陷入了瘫痪状态,而伊拉克军队却毫未察觉,仍然被蒙在鼓里。

病毒武器就这样在海湾战争中大显神威。"沙漠风暴行动"开展了大规模空袭,战争头三天,伊拉克就遭到多国部队4700多架次飞机和约200枚战斧式导弹的袭击,却毫无还手之力。

号称"第四军事强国"的伊拉克就这样战败了。从此,网络战中的病毒武器登上了历史舞台。

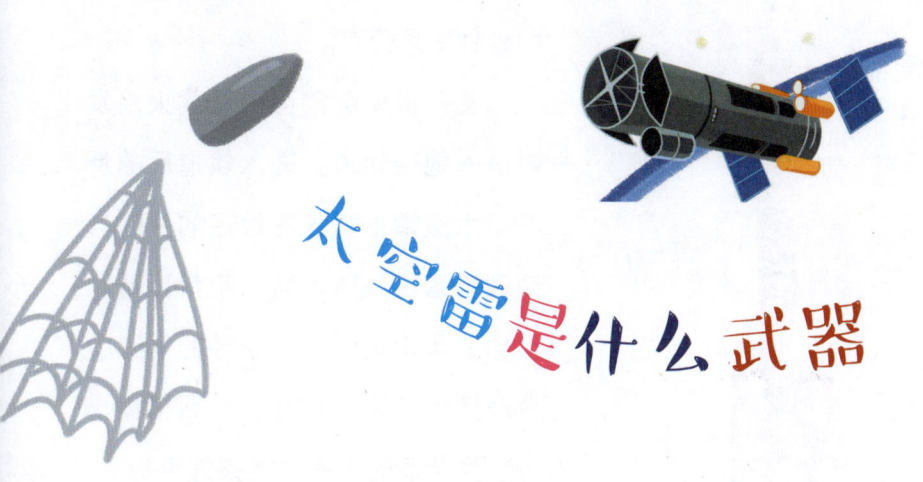

太空雷是什么武器

太空雷是苏联为对抗当时美国的"星球大战计划"而提出的太空武器。作为一种新型反卫星动能武器,太空雷被专门用于对付地球轨道上的各种军用卫星,有时也用来拦截弹道导弹。

太空雷是一种存在于人们设想中的太空武器,不同的设计者对此有不同的设想。设想中的太空雷都由自动寻的系统和高能炸药组成。自动寻的系统是由红外探测器、电磁识别器、雷达、自动制导装置、电子计算机等组成的,用于寻找在空间轨道上运行的各种军用卫星。高能炸药装填于太空雷的战斗部,当它被引爆后,四散的弹片利用高动能杀伤目标。例如,在一种反卫星太空雷的设计方案中,战斗部是一枚火箭,由它向太空中抛射出一个展开后面积为10×10米的金属网,网上有100个节点,每个节点上系一个小金属块。这个反卫星太空雷只有50千克重,但它却可以摧毁在地球轨道上运行

的各种军用卫星。

　　反卫星太空雷可由运载火箭发射进入地球轨道。进入轨道后的反卫星太空雷根据预先设定的程序自动调整运行轨道。当太空雷运行到目标卫星附近时，自动寻的系统会自动搜索并跟踪目标，然后根据指令选择合适的杀伤方式摧毁目标。

　　反卫星太空雷的战斗部有三种攻击方式：第一种方式是战斗部飞向目标，直接命中目标卫星；第二种方式是战斗部到达目标附近，引爆它所携带的高能炸药，战斗部炸开产生的金属碎片与目标卫星相撞；第三种方式是以战斗部作为子弹头的载体，在一定距离上向目标发射子弹头或火箭来摧毁目标。

揭开"智能卵石"的面纱

在美国的高科技武器库中,有一种曾经投入了大量人力物力研发的高技术兵器——"智能卵石"武器。别看它名字花哨,其实,它是一种小型反卫星动能拦截弹,属于新型动能武器。它的弹头重量仅为2千克,作为一种天基动能拦截弹,它被部署在绕地轨道上,多颗"智能卵石"能构成覆盖全球的拦截网。这张特殊的拦截网既可用来拦截导弹,也可用来摧毁敌方军用卫星。

"智能卵石"计划并不是异想天开的产物,它颇有渊源。这得从美国的"星球大战"计划说起。1989年2月,美国对"星球大战"计划作出了调整,著名的物理学家劳韦尔·伍德提出了一个小的"星球大战"计划——"全球防御有限打击"计划。该计划的重要部分,就是让数千枚被称为"智能卵石"的小型天基拦截弹,担负起拦截弹道导弹的任务,以取代原来的大规模拦截系统。因此,"智能卵石"计划成为"全球防御有限打击"的代名词。

作为一种智能化的动能拦截弹,"智能卵石"拥有"十八般武艺",集目标探测、跟踪、寻的、拦截等本领于一身。这种动能拦截弹弹长90厘米,直径30厘米,体积只有热水瓶那样大,总质量不超过45千克。"智能卵石"并不能单枪匹马地发挥作用,它以卫星为武器平台。每颗卫星可携带100枚"智能卵石"拦截弹。

"智能卵石"天基拦截弹虽然小巧,却五脏俱全。它由光学探测器、微型计算机、动力装置、通信系统等4部分组成。光学探测器是"智能卵石"武器系统的"眼睛",能探测到几千米外的高空目标,并进行自动跟踪;微型计算机是"智能卵石" 武器系统的"大脑",它能识别目标,计算出目标的速度和弹道,还能发出指令,控制"智能卵石"拦截弹的飞行方向,直至命中目标;动力装置提供飞行动力,让"智能卵石"拦截弹有"力气"来追踪目标;通信系统用于接收地面指挥中心的指令,还可同周围的"智能卵石"拦截弹相互联系,协同作战。

在千钧一发的危急时刻,"智能卵石"是怎样战斗的呢?

原来,"智能卵石"的光学探测器时刻处于工作状态,能即时发现敌方导弹发射所喷出的火焰,并立即发出发射拦截弹的指令。此时,"智能卵石"的"大脑"高速运转,根据探测器提供的数据对目标进行识别。一旦确定来袭目标,"智能卵石"

拦截弹上的两组小型火箭发动机就自动启动，向目标高速飞去。在这一过程中，拦截弹在红外探测装置和微型计算机的制导下，自动跟踪目标，并进入来袭目标的飞行轨道，出其不意地以高速撞击目标，击毁导弹。

"智能卵石"拦截弹还可用来摧毁空间军用卫星。人们通过运载火箭将"智能卵石"发射到敌方的军用卫星轨道上，在制导系统的引导下，"智能卵石"向目标卫星靠近。当两者距离小于设定值时，根据地面指挥部发出的指令，"智能卵石"拦截弹的战斗部被引爆。爆炸产生的高速弹片飞向目标，将其撞毁。

早在1987年，美国就开始了有关"智能卵石"拦截弹的试验。两年后的1989年2月，美国正式推出"智能卵石"天基防御系统。直到1991年苏联解体后，美国才放慢了"智能卵石"计划的发展步伐。

时至今日，"智能卵石"计划依然是一种非常超前的设想。作为一种新型智能化动能武器，"智能卵石"有着较广泛的应用前景，可以移植到核弹头、作战卫星、空间站、航天飞机上。它的未来至今仍是一个谜。

警用手榴弹有哪些

1994年12月24日,法国的一架民航飞机在阿尔及利亚首都遭到歹徒劫持,265名乘客、12名机组人员被劫机者扣为人质。26日凌晨,被劫持的客机在法国马赛机场降落。收到劫机消息的法国政府当即启用特警队。当日17点15分,头戴面罩、身穿迷彩服的特警队员分组行动,执行拯救人质的任务。当特警队员打开舱门放下滑梯时,他们遭到了劫机者的火力狙击。特警队员当机立断,向劫机者投掷出4枚声光手榴弹,在一片声光的交响中,劫机者乱成一团,特警队员们乘机冲上前去,逮住了劫机犯。

在这次事件中立下了战功的声光手榴弹是如何发挥作用的呢?

法国特警队使用的声光手榴弹是一种具有警用功能的爆炸性武器。它没有杀伤功能,但能

使人暂时失去听力、活动能力与反抗能力。声光手榴弹的弹体由特殊功能塑料制成，弹体内装有小型爆炸筒，爆炸筒内放置的炸药中含有铝、镁、钠等金属。声光手榴弹炸开后，会产生巨大响声，使人暂时失去听觉。同时，声光手榴弹中的铝、镁、钠等金属，在空气中燃烧，会产生强光，可暂时使人失明。

在世界各地，劫机事件时有发生。除了声光手榴弹之外，特警也用噪声弹来对付歹徒。德国也曾经发生过一起劫机事件，劫机者劫持了一架民航客机，谈判毫无进展的双方僵持在德国的一个机场上。最后，德国特警队员向被劫持的飞机机舱内发射了5发强力噪声弹，乘客和劫机犯全都暂时昏迷了过去。特警队员乘机迅速行动，逮住了劫机犯，解救了人质。

噪声弹在弹头爆炸时会发出巨响，产生高分贝噪声。这种噪声能麻痹人的听觉神经，使人短暂失聪；它也能麻痹人的中枢神经，使人在短时间内神志昏迷。这就是噪声弹的作用原理。

此外，催泪手榴弹和气浪手榴弹也是特警队员常备的武器，它们也常常在关键时刻发挥着非凡的作用。

催泪手榴弹与普通手榴弹的构造基本相同，由弹体、引信、装药三部分组成。它的弹

体为圆筒形薄金属壳体，装有炸药与燃烧剂、发烟剂的混合物。催泪手榴弹弹体炸开后，进入空气中的发烟剂会形成局部刺激性烟雾。人的眼睛一旦受到这种刺激，就会流泪不止，看不清周围事物，从而失去抵抗力。

气浪手榴弹爆炸后产生的冲击波，即气浪，可将15—30米内的人击倒在地。但它不会使人受伤，更不会致命。所以它是特种部队常用的防暴工具，用来制伏暴徒。

这些警用手榴弹是防暴用的新型非致伤性武器，被广泛地用于警队和防暴部队，在反恐怖暴力活动中发挥了重要的作用。

炮筒里的螺纹是怎么回事

古代的大炮构造很简单，它的炮筒是一根内壁光滑的金属管子，炮弹是一个圆球形的实心铁弹。那时候，军队打仗是列队前进的，即便是简单的铁弹也能给对方造成一定的杀伤作用。后来，战斗队形改变了，军队在打仗的时候不再列阵前进，这时，实心铁弹的效力也就降低了。

随着技术的发展，会爆炸的铁弹问世了。为了增大杀伤力，人们在炮弹里装上了满满当当的火药，炮弹的形状也变成了圆柱体，前端还设计成一个尖头。当时的人们认为炮越

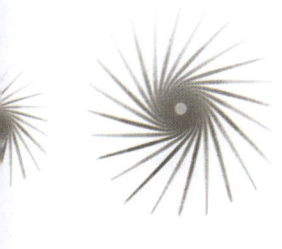

大，威力越大。于是大炮的炮身越造越长，口径也越造越大。1586年，俄国造出了一门口径890毫米的大炮，炮身长5米有余，重约40吨。然而，这尊当时的"炮王"威力并不大，因为它和那时其他的炮一样，有一个致命的缺点——打不准。

为什么那时候的炮普遍打不准呢？原来，圆柱形的炮弹从光滑的炮筒里发射出去后，总是一边前进，一边在空中乱翻跟斗。为了使炮弹不在空中翻跟斗，人们费尽心思地寻找办法。直到某天，有人想到了陀螺。凭借日常生活经验，我们都知道，只要用鞭子不断地抽陀螺，旋转的陀螺就能保持直立不倒。

那么陀螺旋转的原理又是怎么应用到炮弹上，让炮弹旋转着前进，而不会一头栽到地上呢？

这时候，日常生活经验又能派上用场了。你不妨回忆一下拧螺丝的细节。人们在拧螺母的时候，一定是顺着螺丝的丝扣拧，转一点，螺丝就吃进一点。这说明有螺纹的圆柱形物体可以在相应的圆柱体容器中旋转着前进。受此启发，人们便在光滑的炮筒内壁上镗出螺旋形状的膛线，又在炮弹的外壳上镗出相应的突出纹。这样，炮弹在炮筒里运动的时候，

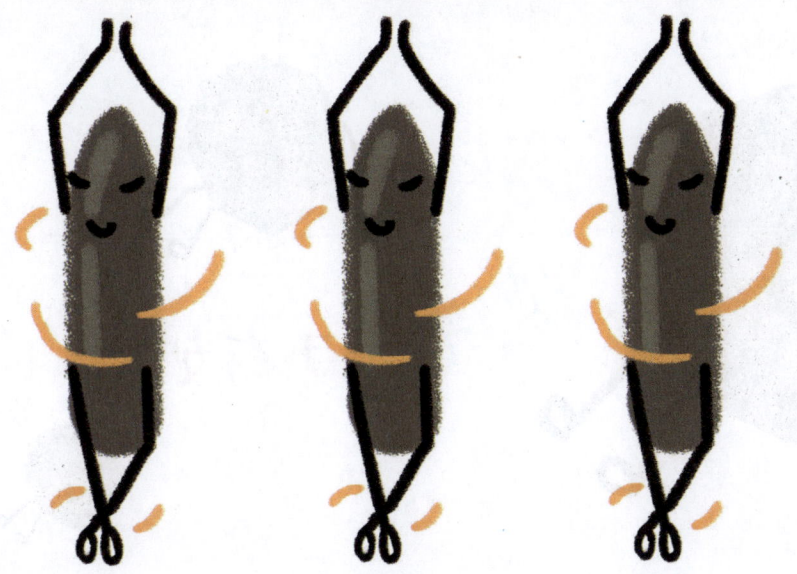

就跟拧螺母一样——一边按照膛纹旋转，一边前进了。炮弹出膛后，由于惯性作用，它继续旋转，保持固定方向飞行。

然而，这个绝妙的想法在付诸实践时，遭遇了困境。炮筒里的膛线容易刻划，而炮弹上的凸纹却难以制作。后来人们想出了一个办法：在炮弹上加装一个或者两个红铜材质的圆环弹带。炮膛里的火药爆炸以后，推着炮弹前进，柔软的红铜弹带就立刻嵌在炮筒的膛纹里，成为了人们需要的炮弹外的凸纹，使炮弹一面高速前进，一面顺着螺旋线旋转着飞出炮筒去。

之前没有膛线的火炮被称为滑膛炮，后来有膛线的火炮被称为螺纹炮。从滑膛炮发展到螺纹炮，无疑是炮弹发展史上的一个重大进步。高速旋转的炮弹不仅能保持一定的飞行方向，准确地击中目标，而且能像钻头那样钻进目标，大大增加了爆炸的破坏力。

炮弹史由此掀开了新的一页。

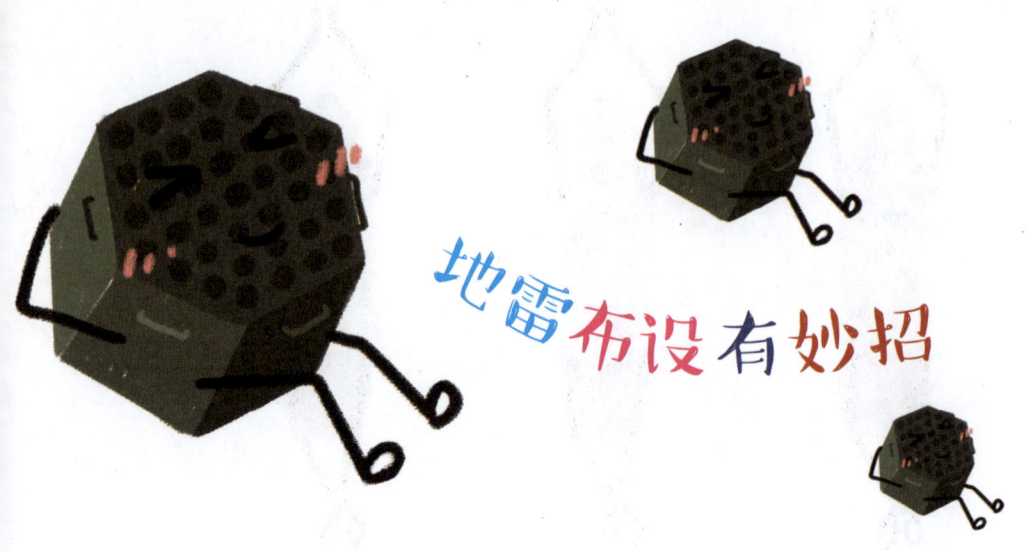

地雷布设有妙招

以前的地雷是靠工兵人工操作埋设于地下的。然而军事技术发展至今,地雷布设方式早已产生了翻天覆地的变化。在现代战场上,要是像昔日那样,仅仅依靠工兵的力量,是绝对无法抵御机械化部队的进攻的。为此,一些快速布雷系统应运而生。

利用布雷车进行布雷是一种机械化的操作方法,至今已有五十多年历史。布雷车的种类很多,按照布雷方式的不同,可分为放置式(包括埋设式)布雷车和抛撒式布雷车两类。

埋设式布雷车上装有雷槽和带升降的犁刀,可以用来布设反坦克地雷、反步兵地雷。它的布雷效率十分惊人,每小时可布设600多枚反坦克地雷。

抛撒式布雷车依靠机械动力将地雷抛撒出去,不仅布雷速度快,而且布雷范围广。德国曾研制了一种抛撒式布雷车。它的布雷技艺格外高超,车上装有6个箱形地雷投掷器,5

分钟就可将 600 枚地雷布完,形成长 1500 米、宽 50 米的地雷场。

除了布雷车,世界各国的军事专家还发明了众多奇特的布雷方式。

火箭布雷是利用火箭发射装置来发射布雷弹的。布雷弹的内部装有几十乃至几千枚地雷。布雷弹被发射后,沿着预定弹道飞行。当它到达预定位置后,内部的地雷被抛射出去。德国是最早发展火箭布雷技术的国家。德国研制的一种轻型多管火箭发射器装有 36 个火箭管,一次齐射可布散 180 枚地雷。另外,美国也曾研制了一种类似的多管火箭炮,1 门炮装有 12 个发射管,一次齐射可布撒 336 枚反坦克地雷。这种多管火箭炮既可以独立作战,执行布雷任务,也可伴随坦克行动,出其不意地快速布雷。

飞机布雷是空军部队利用飞机快速布雷的一种布雷方式,曾在众多战争中广泛应用过。你或许难以想象,五花八门的飞机在布雷方面都称得上"行家里手"。具体来说,军用运输机、战斗机、轰炸机、军用直升机等多种类型的飞机都可用来布雷。

苏联有一种装备了机载布雷系统的轰炸机,一次可以布下 120 枚反坦克地雷。这种轰炸机在与其他战机协同作战时,可有效对付敌方集群装甲目标。

美国的军用直升机充当布雷先锋时,则直接飞到布雷区上空,飞行员通过弹射装置将布雷器投下。美国装备了 M56 布雷系统的直升机,一次可布撒 160 枚反坦克地雷,形成一个长 100 米、宽 40 米的雷场。

现代布雷方式千变万化,但我们应清楚地认识到,每新埋一颗地雷就新增更多的隐患。所幸的是,紧随布雷技术的发展,扫雷技术也处于日新月异的发展之中。

氢弹是怎么爆炸的

1954年3月1日,一艘日本渔船正在太平洋比基尼岛附近的海面上进行捕捞作业。突然,船员久保山爱吉看见西边的海面上升起一个巨大的火球,从未见过如此奇景的他大声惊呼:"看,西边升起一轮太阳!"

果然,船员们发现西面的海面上升起了一个明亮的火球,它的亮度甚至超过了太阳光,把天空都染红了。就在船员们看得有趣时,伴随着天空中的一声巨响,"太阳"消失了。不多时,天空中飘落下大量粉末,在甲板上堆积了厚厚的一层。

事实上,这些船员看见的"太阳",是美国进行氢弹试验时形成的火球。然而,目睹了氢弹试验奇景的他们并不幸运。就在回程的途中,一些船员的头发开始脱落,另一些船员的面部发生溃烂。这艘渔船一靠岸,受伤的船员便立即被送进医院救治。半年后,这位见证"太阳"从西边升起奇观的第一人——久保山爱吉被夺去了生命,成为美国氢弹试验的首

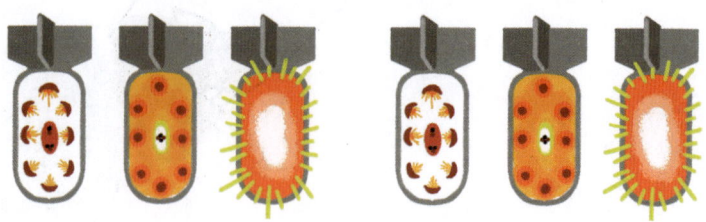

位受害者。

氢弹是一种威力巨大的核武器,其内部发生的主要是核聚变反应,利用裂变物质爆炸产生的高温来引爆,所以这种核武器又称热核武器。

氢弹由三部分组成:热核装料、引爆装置和弹体。热核装料是能进行核聚变反应的氘和氚,一般是氘的化合物氘化锂;引爆装置是一颗小型原子弹;弹体是用天然铀制成的。

氢弹引爆装置中的这颗小型原子弹爆炸产生的高温会使氢弹中的热核装料进行热核反应,最终引爆氢弹弹体。在氢弹爆炸过程中,用天然铀制成的弹体也参与了热核反应。天然铀的裂变反应释放了原子核能,增加了氢弹的威力。所以,氢弹释放能量过程有裂变—聚变—裂变三个阶段,故氢弹又称三相弹。氢弹爆炸所释放的原子核能大得惊人。一颗氢弹的爆炸威力为原子弹的几千倍,相当于几百万吨到几千万吨TNT炸药的爆炸威力,一颗氢弹爆炸产生的能量足够毁灭一座大城市。

1952年11月1日,一朵巨大的蘑菇云从恩尼威托克珊瑚岛上升起,这代表着美国成功地进行了第一次氢弹试验。这次氢弹试验所采用的爆炸装置不能带上飞机,因此它不能用于实战。后来,美国对此进行了改进,之后在比基尼岛上又进行了氢弹试验。这次试验成功后的氢弹被用于实战,其威力相当于1500万吨TNT炸药爆炸产生的威力,也即1500万吨TNT当量。

在比基尼岛氢弹试验后,又经过5年的努力,美国攻克了"两弹"结合的技术难关,将氢弹头装在洲际导弹上,使氢弹不仅能通过轰炸机投掷,还能通过导弹发射。装有氢弹头的洲际导弹威力巨大,爆炸威力能达到几百万吨、几千万吨TNT当量。

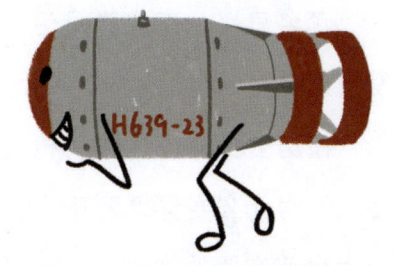

人们总是孜孜不倦地追求军事科技的进步,试图制造出更具杀伤力的武器,然而他们的心中也常怀隐忧。面对氢弹引发的种种恶果,"氢弹之父"泰勒一直生活在强烈的自我谴责之中。谁也不敢想象,一旦氢弹等核武器大规模投入使用,眼前这个生机盎然的世界将会呈现出一幅怎样的图景。如果说在从前,世界末日是神话传说与古老预言里的缥缈幻象,那么时至今日,高速发展的氢弹等核武器让人们真切地感受到步步逼近的末日危机。因此,核安全问题仍是备受国际社会关注的问题。

前景难料的无壳弹枪

顾名思义,无壳弹是没有金属弹壳的枪弹,无壳弹枪是发射无壳弹的步枪。

在历史上,无论哪种枪械发射的枪弹都有金属弹壳。那么人们为什么要异想天开地研制无壳弹和无壳弹枪呢?原来,作为火药容器的弹壳,在枪械发射子弹后就完成了自己的使命。只有当退壳机把空弹壳抛出后,枪械才能进行第二次射击。于是一次战斗下来,战场上留下大量弹壳。

虽然金属弹壳的作用不可小视,但它依然存在一些缺点,比如金属弹壳增加了枪弹重量,从而限制了士兵的携弹量;再如制造金属弹壳要消耗金属资源,增加枪弹生产成本。因此,为了减轻枪弹的重量和降低枪弹成本,武器专家们纷纷开始研制无壳弹枪。

事实上,研制无壳弹枪的设想由来已久,这自然与无壳弹枪的许多诱人的优点密不可分。早在19

世纪初，世界上就曾兴起过一阵"无壳弹"研究热潮。当时，武器专家研究"无壳弹"主要是为了简化装弹动作，提高射速。同一时期，也曾有人设想，将发射药和底火一起装在纸壳中，发射后纸壳与发射药一起燃烧掉，因而无须抛壳。

在美国南北战争期间，曾经出现过一种以锡箔为弹壳的整体弹，当时是出于提高射速的考量。当这种子弹被发射出去后，锡箔被炸成粉尘吹出枪口。虽然美国还有人申请了将无壳弹应用到连发枪支上的专利，但无壳弹还是没有得到广泛应用。无壳弹的普及依然缺少一个契机。直到"二战"期间，

德国的金属材料供应紧张之时，无壳弹的正式研制才终于拉开了帷幕。研制过程困难重重。由于无壳弹的许多技术问题无法解决，无壳弹武器系统现在依然只是空中楼阁。

历史上的军事专家始终没有放弃对无壳弹的研究，那是因为无壳弹有许多诱人的优点：

一是无壳弹省去了金属制造的弹壳，使枪弹的重量大大减轻。这对于陆战部队的士兵来说意义非凡。这意味着士兵可以增加携弹量，从而增强战斗力，这也意味着军械物资的运输量可以减少，从而减轻后勤保障的负担。

二是由于无壳弹发射时没有了抛壳动作，使用无壳弹的枪械也就没有了抽壳和抛壳结构，枪的零件数量大为减少。

此外，某些枪械部件还可采用较轻的增强塑料制成。这些变化使枪械构造简化、重量减轻，更便于携带和使用。

三是无壳弹提高了枪弹射出枪口时的初速和射速，还提高了命中率。这对于陆战武器来说，意味着战斗力的提升。

此外，由于无壳弹没有金属弹壳，用它来替代传统子弹可以减少资源消耗，同时可减轻战争经费负担。

正是出于这样的原因，在20世纪60年代，美国、奥地利等国重新开始研究无壳弹，并制造出样弹和样枪，开展了相关的试验。

1974年，德国制成了第一支无壳弹枪G11的原型枪，它没有枪托，空重3.6千克，带弹匣时重4.3千克。它使用的无壳弹弹长33毫米，重量仅仅只有5.2克，其中弹头重3.25克。这支无壳弹枪的药柱长21毫米，药柱可燃尽，底火就装在发射药柱底部。它的发射药燃点高，平时可避免因撞击而引发爆炸，射击时也不会因弹膛发热而自燃。

不过，由于技术和经济方面的种种原因，无壳弹枪弹可能自燃、枪弹存储的安全性和稳定性差、无壳弹枪枪膛的密封性差、哑弹如何排除等问题还没有得到妥善解决，目前无壳弹枪尚未装备陆军部队。无壳弹枪会不会成为军队武器库中的一员，前景尚难预料。

图书在版编目（CIP）数据

航空母舰可以潜水吗：林林总总的军事冷知识 / 施鹤群 著. —上海：上海科技教育出版社，2019.8
（尤里卡科学馆）
ISBN 978-7-5428-6961-6

Ⅰ.①航⋯　Ⅱ.①施⋯　Ⅲ.①军事—青少年读物
Ⅳ.①E-49

中国版本图书馆CIP数据核字（2019）第037036号

责任编辑　顾巧燕　侯慧菊
装帧设计　李梦雪

 尤里卡科学馆

航空母舰可以潜水吗
——林林总总的军事冷知识

尹传红　主编
施鹤群　著
李　田　插图

出版发行		上海科技教育出版社有限公司
		（上海市柳州路218号　邮政编码200235）
网	址	www.sste.com　www.ewen.co
经	销	各地新华书店
印	刷	常熟市文化印刷有限公司
开	本	720×1000　1/16
印	张	12.25
版	次	2019年8月第1版
印	次	2019年8月第1次印刷
书	号	ISBN 978-7-5428-6961-6/N·1054
定	价	54.00元